生命合伙人

Life Partner / **美育**从妈妈开始

Inspiring Children Through Art, Nature and Life

戴亚楠 / 著

中国青年出版社

**最好的教育
就是此刻我们在一起**

送给
东黎、悠然
永远爱你们

目 录
contents

自序：我们的爱超越时间 / 001
导读：写一本看完不焦虑的教育书 / 005

1/ 你最尊贵，妈妈舒服是教育第一要务 / 007
一切从尊重自己的感觉重新开始 / 008
突破舒适圈，父母也有无限潜能 / 014
从集体出走，成为内心强大的人 / 020
你也能像孩子一样感知和爱世界 / 025

2/ 美的教育，从享受生活开始 / 033
审美水准就是"妈妈的味道" / 034
除了生存，更要让孩子过上有意义的生活 / 041
用艺术教育塑造完整的孩子 / 047
没有批判思维，人与咸鱼无异 / 052

3/ 妈妈，你要守护住孩子的创造力 / 059
权威扼杀了创造力 / 060
有创造力孩子的十个特征 / 066

从小培养创造性思维，才能应对不确定的未来 / 072
提升孩子创造力的五大策略 / 076

4 / 家庭美育能做的比想象更多 / 081
轻松区分好的、不好的艺术教育 / 082
中国的儿童艺术教育在干啥 / 088
艺术启蒙就是一起玩儿和聊 / 094
其实不是为了培养艺术家 / 101

5 / 尊重孩子艺术能力发展的时间表 / 109
为什么大多数父母的绘画水平停留在 10 岁 / 110
关于儿童涂鸦，父母了解这些就够了 / 116
引导孩子的艺术兴趣要顺势而为 / 122
12 岁是儿童艺术学习的分水岭 / 130

6 / 和孩子一起发现生活之"美" / 135
为孩子设计一间"画室" / 136
逛美术馆是和去超市一样的必需活动 / 141

闭上眼睛看见自然的美 / 147
带着幽默感和孩子解构都市 / 154

7 / 创造家庭共有的情感记忆 / 161
艺术是和孩子心灵交融的纽带 / 162
和孩子一起创作是种什么体验 / 168
零基础爸妈也能让孩子爱上艺术 / 174
建立秘密的艺术家庭语境 / 182

8 / 让孩子带我们回归本真 / 189
鼓励就能让孩子走得更远 / 190
无条件的爱不打分 / 197
全身心倾听，心怀孩子般的热情 / 203
感谢孩子给了我第二次生命 / 210

外 / 五个家庭艺术"实验" / 217
随时随地的线条游戏（2~7岁） / 219
我们都是当代艺术家（3~10岁） / 221
尝尝你的作品（4~10岁） / 226

符号猎人（3~10岁） / 228

小小收藏家（3~10岁） / 230

代后记：你们的世界和我的不一样 / 232

　　—— 假装 N 年后给娃的一封信

跋：用心抱抱，你生命中的合伙人 / 235

附件 1 / 1~18 岁艺术能力发展时间表 / 238

附件 2 / 家庭艺术教育工具的使用参考 / 241

附件 3 / 用卢浮宫秘笈制订一个完整的家庭

　　　　美育出行计划 / 248

附件 4 / 主要参考文献暨推荐阅读 / 253

自序：我们的爱超越时间

> 听说，时间是一种错觉
> 和孩子一起成长
> 我们验证了时间

这一次的写作之旅是我的人生中最为跌宕起伏的一段。第一次见编辑的时候是2015年仲夏，在一家茶餐厅相洽甚欢畅谈着这本未来的美育书而忘记了时间。孩子的爸爸那时候还没有去世，因为个展而忙碌了很久的他在旁边睡着。那天的景象还在眼前，一个家庭的崭新画卷好像就在徐徐展开，一切却戛然而止。

> 如果注定分离，一切还有意义吗？
> 还是正因为注定分离，一切都有了更多的意义！

陪伴不是义务，而是彼此生命的见证

如果生命只有一个月，你会做些什么？如果生命只有一个星期，你又会做什么？无论清单上有什么，相信鲜有人关注股市的走向或是娱乐八卦，做父母也一定希望把最珍贵的时间投注在孩子身上。事实是我们不必等到被宣判的那一刻才开始这样做。因为不是每个人都会得到提前一个月、一个星期的通知。生命并不是租房子，尽管我们的确是借住在一个躯壳里。

看到玩具箱里掉出来一个小鱼玩具，孩子们黯然神伤："这是爸爸给我买的。"吃着吃着饭，孩子说："我想爸爸和我玩儿，他用胡子扎我的脸……"在最初的日子里，每个这样的生活桥段都是一个悲伤的回忆，但我却是安慰的，因为毕竟曾经有很多的陪伴，而孩子们还有着很多的记忆存在。在搜集插图的过程中，翻出散落在硬盘里、旧电脑里的照片，就像一帧一帧的生活在回放。

无论生命的无常是什么，对孩子而言，这一个个片段串起的是爸爸的印象，让他们并没有想象中的凄惶。

最奢侈的教育资源是时间

在玩具被丢满地，妈妈即将发威的时候，孩子们突然会说："你还是像组织活动的时候那样笑才好看！"这让我啼笑皆非。他们所说的组织活动就是指自2015年以来发起的亲子生活美学实验。我们一起用彩色面粉涂抹，在自然中触摸，嬉笑怒骂地表演戏剧，一起做斑斓的月饼、一起喝茶、一起制作皮影、一起编故事写绘本……这很像瑞吉欧所描摹的一个乌托邦，充满希望的教育社区，父母和孩子都有归属感，并激励支持对方。

因为忙碌、因为压力，大部分父母都把教育作为一项消费和服务看待，"外包"是更舒服和方便的方式。可是，**教育不仅是一项"消费品"，教育的真相就在父母和孩子共度的时间里。吃喝拉撒以及生活关照都可以外包，但孩子的精神生活不能外包。**

在一次卢浮宫的艺术教育讲座上，我听到教育项目负责人介绍，他们的项目鼓励那些离婚之后，但未获得抚养权一方的父母和孩子一起参观博物馆，因为不在一起生活而在短暂的相处之中，**美术馆的环境和艺术的话题是培养父母和子女深层次交流和沟通最适合的场所。**

人与人之间能够奉献的真正有价值的只有时间，每个人的时间都是生命的一段，缘分修到才可能相见。**与孩子的缘分又何尝不是如此，错过了，便失去一个了解他的机会，也失去一段共同的记忆。**他们一天天长大，我们一天天老去，高品质的陪伴，才能够在家人中建立共同的情感纽带，才是孩子的安全感和对未来建立家庭的信心的关键。

找到最好的，把孩子带到跟前

教育中的"软性"内容，比如美和艺术，是孩子的成长中重要的养分，给他们精神力量。我们都有这样迫切的诉求，找到最好的，把孩子带到跟前。而**最好的到底是什么呢？**

在一次与公司同事的普通午餐上，不经意地我们聊起各自成长的话题。在座的六个成年人当中，每人都亲身经历和目睹对孩子的家庭暴力的发生。天才工程师，直升小学三年级的90后，边吃面条边笑着形容："打断两根皮带……"80后的已为人父的同事则深深记得除了被暴打之外的精神屈辱；还有HR经理目睹过因为家暴母亲尝试各种方式自杀……中国人真的不会做家长吗？或是不知道如何处理家庭关系？或许这本是正常的，但没有任何渠道来帮助我们？

似乎是从这一代家长开始的，受到各种新型开放式的教育理念的影响，想做到最好，给他最好，又深深感到自己所受到的局限。跳脱束缚成为自己认同的理想家长又谈何容易？！这一代父母正在蜕变，需要一点无畏的创业家精神，把育儿也当成生命中的一段有无数挑战而又绝不后悔地踏上的旅程。

在孩子们探索生命宏大主题的成长过程中，用艺术、自然和生活，给他们充足的空间和自由的呼吸。**这些磕磕绊绊的生活，就是最好的，就在眼前。**

和孩子做生命的合伙人

每个父母都走在教育创业的路上，既然不能回头，我们何不把孩子作为这份人生事业的合伙人？唯有用热情，用创业家精神创造性地激发出孩子和父母两个合伙人的潜力，这份创业才可能成功。没有唯一正确的解决方案，有的是**与孩子共同的探索、成长的耐心、无条件的爱以及永不放弃的心。**

走在这个"不求回报"的创业路上，合伙人的信任、共同的价值观是事业进步的保障。平等相待、互相欣赏、花时间了解孩子、探究孩子的内心、接受彼此的变化……终于，共同的经历和努力会成为这条路上最美的风景。

如果把人生的每一天当作最后一天，就会知道与孩子陪伴是我们能做出的最好的决定。即使未来孩子会离开我们，去开创自己的人生，毋庸置疑的是，**在一起的时光会成为孩子成长的基石，信心的来源，和孩子远行后总会回来获取的能量密码。**

命运送来一个礼物，却包着丑陋的包装，我打开礼物的方式，就是专心去接收生命的启示分享给你。那些一起随意谈谈艺术的时光，那些和孩子泼洒颜料的时刻，那些一起看过的画展，那些稚嫩却生动的涂鸦，那些读来分外过瘾的艺术教育专著，那些自然中拂过脸庞的风，都在这个写作过程中推动指尖在键盘上跳跃。

> 听说，时间是一种错觉
> 无论走多远
> 都希望孩子们能够感知到
> 我们超越时间的爱

感谢所有为这本书的出现付出心力的亲人和朋友，感谢蝌蚪姥姥，感谢工作伙伴，感谢对教育充满热情的妈妈们。感谢编辑一年多的等待。

感谢你们付出的时间，感恩所有的遇见。

导读：写一本看完不焦虑的教育书

几个号称"不焦虑"的妈妈聚在一起聊天，没出五分钟就暴露了各自焦虑的"软肋"。

"全班四分之三都会弹钢琴！还学马术、高尔夫……"

"几岁适合把孩子送出去读书呢……"

"约着一起玩儿？可是周末完全没有时间啊……"

"我只有屏蔽那些让我焦虑的圈子，否则我也会焦虑……"

无论如何屏蔽，那些因为各种目的推到妈妈耳边和眼前的制造焦虑的信息，的确在一点点吞噬着我们——担心没有发生的，懊恼已经过去的……

要知道各种情绪之中，焦虑是最没用的。

在以制造焦虑为主的教育市场上，艺术教育同样愈加急功近利。**想用这本书和大家一起探讨美和艺术的教育对孩子成长更高层面的意义，以及作为"零基础"的父母如何在生活中轻松上手践行美育，帮助孩子的成长，也帮助自己的成长。**

收拾书架，大概数数，一共看了古今中外几百本与艺术教育相关的书，浏览了一堆各种国内外艺术教育协会的相关研究和报告，参与了各种国际顶尖的教育大会和工作坊。跟随着这个方向，和妈妈们以及各类机构做了上百场与艺术相关的亲子活动、儿童课程……

在所有这些下意识的"研究过程"中我发现，还没有一本专门写给父母的美育书，好像一提到艺术，一提到美育，父母就缴械投降，立马退后，让位于受过专业艺术训练的老师，好像只有艺术世家才有资格讨论这件事。

这本书的目的只有两个：

一、和妈妈们一起放下焦虑——总有一个让我们"活命"的教育方式吧!

二、自信地开启家庭美育之路——艺术让我们和孩子建立更深刻的亲密关系。

好的艺术课堂和家庭的素养固然很重要,但更重要的是一个家庭带给孩子的美和艺术的环境、氛围,以及家长判断艺术和艺术教育品质的能力。身边越来越多的妈妈致力于花艺、绘画、茶道、烘焙……其实生活中的美好就是给孩子最好的美的教育和启蒙。

这是一本"必须要写"的书。在这十年当中,从焦虑的小白妈妈到基本算是淡定的散养妈妈,经历过不少指导、棒喝,也得到了太多的安慰、支持……父母的成长和修炼之路着实不易。

孩子因我们而来,独立于我们,并且分离的一刻总会到来。

和他们一起的时候,就全心全意好好度过,过好自己的人生,也成就孩子的人生。

教育当然可以很简单。

看完你不焦虑,这本书的目的就达到了一大半。

1 / 你最尊贵，
妈妈舒服是教育第一要务

成年人因"教育"反而失去了自由，追求"标准答案"而忽略自己的感觉和最本真的状态。

教育方式来自于父母的成长环境，反思家庭关系模式，并且永远保有对自己和对孩子的信念。

因为孩子，我们有了机会突破舒适圈，这个过程是成长，更是获得自由的必经之路。

一切从尊重自己的感觉重新开始
突破舒适圈，父母也有无限潜能
从集体出走，成为内心强大的人
你也能像孩子一样感知和爱世界

一切从尊重自己的感觉重新开始

孩子通过我们而来,却不因我们而存在。他是一颗奇妙的种子,我们勤奋地"耕耘",他却未必完全按照我们的设计开花、结果。做一个好的父亲、母亲,并非需要把这些生命的种子种植在温室里,而是要掌握气候变化和土质营养,且在天地间和他一同汲取自然的精华与养分,舒展自己的人生。这才是上选。就喜欢心理强大的妈妈们说:"我们的孩子总不会差吧!"相信自己的感觉,一切就对了!

我们被养育的方式很大程度上决定了我们养育孩子的方式,如果想逃离这样的"宿命",对抗并不是方法。回到最真实的状态,给自己、给孩子以信念——你们的独一无二、无与伦比。

你足够完美,你就是独一无二的存在

成为父母本来就是生命中重大的一个变化,我们不想有纰漏,不想留下遗憾,我们孜孜以求地学习各种"理论",我们膜拜不同的教育流派,希望孩子获得最正宗、最好的教育。我们如此努力,为什么焦虑却成为父母的常态?

"孩子太安静了怎么办?""太胆小怎么办?""太活泼了怎么办?""吃得太少怎么办?""不爱学习,总撒谎怎么办?"……是我们的孩子不够完美,还是我们习惯性地把目光刻意错过完美?每次在听各种父母讲座之后,无论哪种理念,最后都归结到这样一些非常具体的问题上,有一次,一个我非常钦佩的教育专家直接回答:"没有办法!"家庭背景不一样,父母和孩子的关系不一样,这些问题大都要到根源上去找答案,有些或许根本不是问题,有些是深层次的家庭关系问题。如何在简单的几句描

述中给一个办法出来？我们着急地头疼医头，脚疼医脚，这个焦躁的节奏不仅于事无补，而且加重了家长的焦虑。

在杰里·比格纳（Jerry J. Bigner）的《亲子关系——家庭教育导论》这本书里，他提到三种基本的家庭教养方式：专制型、放任型和权威型。而这些教养方式大部分来自于个体在儿童期观察自己父母的教养模式。也就是**一个人如何被养大，很大程度上决定了如何养育自己的孩子。**

在传统的父权社会里，专制型是很多家庭的常态，似乎家长，尤其是父亲的角色就是打击孩子："你不够好，非常不好！"专制型的教养最终掠夺了儿童的自我精神，抑制儿童正常的情感发展，令他们的自尊心严重受损。

放任型的父母"允许儿童尽可能地管理自己的活动，避免使用控制，同时不鼓励儿童遵守外部定义的标准"（Baumrind，1996）。教育专家普遍认为，在这种教养方式下成长的儿童依赖性强，不具有好奇心，并缺乏自我控制。

权威型被认为结合了专制型和放任型的优点，强调儿童在合理限制内的自主性发展。孩子在这种方式养育之下比较独立，拥有良好的自我控制，容易知足，充满求知欲和探索精神。权威型养育鼓励儿童的参与和对家庭规则的遵从，允许儿童参与家庭决策（权威一词感觉不是特别精准，权且当成温柔有原则来理解吧）。

这基本的几种教养方式其实不是一成不变的，在儿童的不同成长期，甚至在父母对于教育理解的不同阶段，家庭成员之间的关系变化等因素都会影响其取舍和走向。我想**最重要的是，在养育的过程中，秉承"温柔而坚定"的态度，共同制定规则和界限，并且遵守执行**。那些焦虑提问的家长应该做的反而是暂时放下问题，回头看一看自己和孩子之间是一种什么样的关系状态。只有有意识地认识了自己的行为,并意识到这些行为对孩子成长的影响,才有可能改变教养的方式。

日本电影《垫底辣妹》中,十几岁的女主角工藤沙耶加是个学业上彻彻底底的失败者(loser),看上去完全没有希望的人生,却因妈妈和辅导学校的老师呵护和激发,达到了似乎难以企及的大学目标。他们对这个被人人放弃的女生拥有信念,看到常人看不到的潜能,是这一"奇迹"能够产生的根本。

中国的教育问题,其实归根结底是父母的问题。焦虑的根源并不是财务或其他压力所致,而是在我们成长的过程中较少有人看着我们的眼睛,认真地告诉我们:你足够完美,你是宇宙间独一无二的存在。所以今天做了父母,我们难以这样和我们的孩子确认:你足够完美,你就是独一无二的存在。

不完美才美 —— 真实的父母,是人不是神

孩子最大的命运是他的父母。从遗传的基因到后天养育的方式,家庭才是影响孩子成长最大的因素。我们作为父母已经足够努力,也不必给自己太大的压力,因为我们并非无所不能、无所不知,让孩子了解我们是普通的人,多一些经验,依然在学习,如此而已。

纽约的设计师朋友杰西(Jessy)思维活跃,在美国生活很久的她,提问非常犀利,并刨根问底。她问我,做妈妈的过程学到最多的是什么?有太多的想法在脑袋里,但我喜欢自己的回答:"学会了放下和继续,忘掉愧疚(guilty)的感觉。"必须忏悔,我也会对孩子大喊大叫,曾经就这个问题,在一个很紧密的妈妈群里,大家一起"痛哭流涕",我也第一次知道一个朋友严重到因此去了"愤怒管理"的课程……我想,除了我们逐渐学习面对情绪,更重要的是接受真实的自己,不试图做一个完美的人。

因为对于自己做错的愧疚感是最要命的一件事，必须放下，也只有放下，然后才能继续前行。

当越来越意识到自己的状态，看到孩子在和我们互动中的变化和影响，就会迎来越来越放松的阶段，说到底，爱是所有人与人当中最奇妙的现象。"我展露真实的自己，而百分之百地放心，你依然爱我。"无条件的爱才是真爱，而健康的爱是相互的。

当孩子有更多语言可以交流，当共同的经历让我们连接更加紧密，交流更有深度，每天的谈话就是极其享受的时光，他们带来的灵感和对生活的反思比我们给他们的价值更大！

两个妈妈朋友聊到2016年夏天热热闹闹的毕加索展览，这个被行业吐槽，号称史上价值最高的展览吸引了很多家长带着孩子来"朝拜"。回忆起这个经历，有个妈妈说："孩子完全没感觉，我不懂，不知道怎么讲，就很快出来了。"另一个妈妈说："孩子很开心，指着毕加索的《酒神祭》说：'妈妈，你喝醉了就是这个样子的！'"两人会心大笑。为什么展览带给两个孩子的体验完全不同？

据我的观察，其实正是两个妈妈的状态影响到孩子的体验。一个因为努力地想获得教育回报，又因为缺乏专业领域的背景而不自信，孩子作为敏感的"探测器"，他们都能精准地感受到这些非语言的信息。而如果能够不设限，和他们一起平等地去"逛"，总是能发现一些有趣的角度，一起笑到人仰马翻。人生无非就是一个个哭和笑的经历串起我们的生命。**父母们，且放下教育，走下"神坛"**。

用心体验，你最尊贵 —— 关注和保护孩子的个性

曾经帮一家企业基金会做过一个咨询项目，其中一个部分是带领团队体验自然教育活动。一个很简单的游戏——"我的

树",两个人一组,每个人扶着另一个蒙上眼睛的同伴找到一棵树,触摸、感觉、记忆,然后同伴要摘掉眼罩回去找到自己的那棵树。视觉的缺失让每个人必须调动其他的感觉方式,作为一个"完整"的人去体会和感觉。有趣的是,有一组竟然出现极端现象:蒙住眼睛的人找到了自己的树,而搀扶他的,睁开双眼的同伴,却在相似的树林里搞不清自己到底选择了哪一棵树。分享的时候,他说,他忙着"处心积虑"找一棵不容易找的树,结果自己回头面对树林的时候却困惑了。眼睛会骗人,心却不会。

最近几年,我在一所大学里教授非营利组织管理相关的课程,课上最怕听到的问题就是这一句:"老师,定义是什么?考试会考吗?"在这类的课堂里长大,我对老师提到一个事物必提定义,甚至要背诵定义的教学方式深恶痛绝。作为一个完整的人,一个世间唯一存在的个体,我们为什么不能有自己的角度和看法?或许给出的"定义"是全面和完美的,但当一个个体不理解,积累的经验和体验不足的时候,理解也是不完全的,甚至是片面和偏颇的,以致进一步固化和局限了思维。这些定义的"知识点"限制了我们的思考,阻碍了我们的探索和发声。

美国的教育体系当然也有各种问题,但在给孩子提供自我表述的机会这点上令人敬佩。这不是关于内向、外向的区别,而是好的老师会尊重孩子特别的观点,尊重原创的想法,这比印在书上的标准答案珍贵一万倍。而在真实世界里,每件事当然都有不同的观点,何苦从小告诉他所谓的"一元标准"压制自己内心的想法,而长大后面对多元的世界无所适从?当然,真正尊重儿童的老师在我们的教育体系中也大有人在,不过在以分数衡量的压力之下,在人数拥挤的班级中,老师们要做到对孩子个性的关注和保护是个极大的挑战。

克里希那穆提说:"全世界独裁的政府、牧师、分析师、心理学家，都关心如何控制、塑造或引导别人的思想，所以，我们的自由非常少……**正确的教育应该培养不陷入习惯约束的思维，正确的教育应该培养有活力的思维，而不是只教授知识和经验……**"

有一段时间，几位妈妈每周聚在一起画画，每次大家愉快地在朋友圈晒出自己的作品，都会收获很多的赞，同时也会被问到问题：这是什么画？素描？线描？还是……这很像自然教育当中，我们去看到一株植物，自然会问它的名字和科目，却常常忽略掉欣赏它的嫩芽，观察它藤蔓上的茸毛……和事物的连接与关系常被放到不那么重要的层面，因为我们在教育中的训练，尽快地归类，会让我们感到安全。而对孩子们来说不会，因为没有这么多的限制，放下概念，打开五感，全身心地感受，其实才是最好的学习，这个开放的感官所接收到的才是最独特的个体体验，才最为尊贵。

教育的目的是培养终身学习者，而不是考试之后撕书、扔书、憎恨读书的人群。要明确的是，"学习和获取知识并不是一回事，如果一个人仅仅是为了获取知识，他其实已经停止学习了"。面对众多的理论体系、教育体系、思想体系，甚至宗教，越不束缚你，而是引导你独立探索的，才是越强大的。比如自然，比如艺术，因为它的无限、它的博大、它的能量，让你在它面前不是体会到自己的渺小，而是看到万物各得其所的内在秩序，得到自己也可以成为尊贵自己的体验，看到可以精进的可能。除了赞叹，更有惊喜。

突破舒适圈，父母也有无限潜能

育儿是一个不断突破舒适圈的过程。在自然教育中，突破舒适圈是个核心。比如在冰天雪地的营地里，孩子们一起合作做一个雪屋，去农场饲养动物，完成每天的工作。育儿是家长不断突破舒适圈，虽然很多时候是一种被动的选择。

欢迎来到没有唯一答案的世界，只有不断试探生活和育儿的边界，才能发现更多的可能性，也发掘自己作为父母的潜能。

不打扰是教育的最高境界

徐静是一位项目制学习专家，2016年夏天举家搬到硅谷。我在圣何塞附近考察学校的时候，与她再次见面，她的大儿子石头和我家大宝同龄，正在享受着美国小学生无拘无束的时光。石头小时候由于比较瘦弱，吃饭成了家里头等大事，全家几代人都锲而不舍地喂饭，反而让孩子对食物更加抗拒。这也是我的加拿大营养博士妈妈朋友梅丽莎（Melissa）非常不解的地方，为什么中国的家长要举着食物追在孩子后面？石头妈妈终于对全家下了"通牒"，谁也不要再这样喂饭，并且在语言上也不可以再说"太瘦，需要多吃"之类的话。果然，不强迫进食，孩子自然地感到了饥饿，吃饭也就很正常了。到美国之后，充分的运动和加州的阳光明显让几个月没见的石头强壮了许多。

我的类似经历是小时候带着大宝回老家，七大姑八大姨很是喜欢孩子。在出门散步的工夫，学步的大宝跌倒在地，据目光从未远离的我观察，情况并不严重。但我那一众亲戚都向前扑去，并发出怜爱之声，大宝抬起头来四顾观察形势。我张开双臂拦住亲人。这个工夫，大宝已经爬起来，又欢快地向前跑去。我至今记得我阻拦她们的手臂是何其用力。

看到微信上的一组漫画，几个中国教育的阶段性小目标：小时候要胖，上学要成绩好，长大了赚钱多——非常简单粗暴但精准的总结。它忽略了成长的过程和适应性的需求，是一元标准的极致。

有位妈妈朋友很喜欢转发武志红老师的文章，她的评论大多是关于"中国人的关系中没有边界感"。很多时候，我们作为父母，对孩子也是如此，我们过多地替代了他们的喜、怒、哀、乐、饥渴、疼痛……我们提前一步感受到了，为他们准备好了解决方案，但错过了让他们自己感受，寻找解决方案的过程。我们看不得这个过程的一再演练，我们带着"爱"大步跨过边界。

这种"一切尽在掌握"的感觉，就是我们作为家长和教育者的舒适圈。如何接受"不确定性"？如何生活在"没有唯一标准答案的世界"？

在既有的观念、习惯体系之下做事固然安全，但如果出于"自我满足"，带着爱的很多举动而要孩子配合，就是对孩子的打扰了。就像大宝很小的时候——第一个孩子的养育总是充满一群看护人，每个人根据自己的想象喂水、添衣、逗趣……孩子的早期专注力就在这些"爱心"中被打扰，直到妈妈幡然醒悟。如果孩子专注于一件事，请不要打扰，如果他在阅读，即便吃饭这等大事也无妨。

我们一边觉得育儿很辛苦，一边通过打扰孩子来增加自己的工作量，何苦呢？各自感觉到自己的需要，需要陪伴的时候满足他，需要独立的时候给他空间。这个境界不是自然习得，只要一直在接近就好了。

慢下来做一点无用的事

　　世界转得那么快，成功近在咫尺，只需要再多一点努力！忙的日子很容易过，因为可以觉得自己很重要，而和自己相处却是个挑战。慢下来一切会失去平衡？慢下来其实是我们在当下世界需要稍微触碰一下边界的舒适圈。

　　"人到中年做一点无用的事，'浪费'一些时间也无妨……"这句话是开始和妈妈们一起画画的朋友说的，完全不是她的风格。我知道她之前是一直忙，目的性非常强的一个职场女强人，她能够每周花几个小时来画画，让我特别意外也非常感动。每个人都是生活艺术家，在越发忙碌的时候，留一点时间给自己。她说："先慢下来，节奏变了，很多心境、情绪都会变了。"

　　在和妈妈们分享的时候我觉得自己总是提出这样"不切实际"的"请慢下来"的说法，被裹挟着前行，恨不能夜夜加班做那些做不完的工作，连度假都要抓紧时间，早晨落地直接去办公室上班，这样的节奏真的很难感受到美。妈妈们常常感慨，你们的绘画课真的很任性，那么多的放不下，那么多更"重要"的事。慢下来才能看到美，年纪见长，才真正了解时间这奢侈品，对自己好其实不是保养品、化妆品和包包，而是给自己一点时间，做点无用的事。

　　我们看到很多家长把孩子成长等同于报班，最多的听说过一周报了八个兴趣班，不知道是不是还有家庭生活的时间，听上去基本上学校、上幼儿园之后都在各种机构度过了。无论怎样的学校，家庭对孩子的影响是最大的因素。尤其是和艺术相关的部分，带给孩子艺术的美好，一起欣赏，成为生活中的一部分，给孩子持续一生的审美能力。

报班很多时候的确是个简便的办法，太专业，我不懂啊。这个不懂可以理解为"放弃"，因为不懂可以不染指，可是，既然送孩子去学习艺术相关的内容，还是希望能够有所精进，那么，我们做出的姿态就是"不懂就放弃"吗？只要不是技能上的懂，艺术与心灵、美、每个个体的情感相关，不会有"不懂"这件事，无非在专业上了解得深浅，但不妨碍欣赏。**重要的是心不在，所以无法贴近，所以就"不懂"。**

木心先生说："完善人格的文化心理结构，有认知结构、伦理道德结构和审美心理结构，三者缺一不可。没有审美力是绝症，知识也救不了。"我把他提到的知识也扩展到技能，即便学了艺术的技能，审美力也可能是很弱的，这不是一蹴而就，真的是日积月累"养"出来。

有父母关注我们组织的周末美术馆活动，最常见问题就是，他这么小能看吗？曾经的幼教管理者——我妈妈说过一句我最认同的话就是："孩子的收获是他自己的事，和你们组织者无关。"这样的话，家长听来其实会觉得组织者怎么这么不负责啊，让我把道理翻译给你听：这些混龄的活动中，不同年龄的孩子能力发展的确非常不一致，但要知道给孩子环境，每个个体即便年龄相同，获得的经验、关注的内容也各不相同。所以的确是孩子自己的事，父母能做的就是给他们这样的环境，像欧洲的孩子一样，沉浸在艺术中成长。

其实是慢下来，做一点无用的和美相关的事，也是美育的一个基础。无论学画、茶道、花艺、逛美术馆、听音乐……**给自己的心灵一些养分才有营养去给到孩子。**

有一次，听到儿童戏剧教育专家郝燕说："……有的家长把孩子送到剧院门口就走了，他对孩子看了什么竟然是这样的态度，让人无法理解……"的确，育儿先育己，美育更是如此。

大宝读完《纳尼亚传奇》全集之后一起看电影，人生的任务就是找到适合你的那个大衣柜，其实你的传奇早已在那扇门后准备好，我们要做的是一直不停地探索和寻找。没有时间懊恼，**每个看上去没什么用的时刻，或许就在引导你走向那里，慢下来并不是浪费时间，而是扩展了你的边界。**

做你自己的神奇队长

在同事的推荐下，我和孩子们一起看了《神奇队长》，他们觉得这一家子的生活简直是太酷了！我当然不是建议所有孩子的父母都带孩子 home school 和隐居深山，而是当成一个不同的育儿样本来研究一下，看看自己的不适度到底有多少。

故事的梗概是：一位父亲带着六个孩子隐居山林，孩子们的教育就是阅读父亲指定的书籍，喜欢孩子读的书单，《枪炮、细菌、钢铁》《人类简史》《1984》……在我成长的过程中，有些醍醐灌顶的书好想希望再早一点读到。这几个思想早熟的孩子来到现实世界当中受到当头棒喝的冲击，父亲的教育方式，与主流社会的价值观背道而驰。本以为孩子们就要留在这个商业社会里，这个家庭教育实验即将以失败告终，幸好电影给了我们一个希望的尾巴，孩子们主动地选择回到同父亲一起的生活。我想，无论哪种方式，爱的连接在那里没有被割断。受过检验的亲情也更加紧密。

果然这部影片在网上的评论也是各打五十大板，一些叫嚣着反对的恶毒评论，反而彰显出我们是如此迫切地需要突破自己教育的舒适圈。这部电影是一个完美教育的假设，影片本身的意义就在于思辨。我喜欢女儿自己选择了《洛丽塔》这部书来读，爸爸发现之后问她："不要复述情节，你的想法是什么？！"她回答："感觉不舒服、恶心，但却很喜欢。"阅读带来的思考不会有唯一的中心思想，即便矛盾和不成熟，也是真实而独特的。

如果有机会我很愿意尝试去做一个这样的神奇队长，并不仅仅是为了不去循规蹈矩的意愿，更是因为在片中这些身体健硕、思想深刻的孩子，才是我最理想中孩子的样子。与那些在家里玩儿 xBox、穿 Nike 的同龄人相比较，他们似乎更接近于希腊文明中对美的定义。

最难过的，莫过于一个二年级的小女孩，因为上了太多的周末奥数班和补习班，放弃了最喜欢的舞蹈班，看到她脸上的笑容越来越少，好想为她做点什么。学术的发展固然重要，可是做真正热爱的事才可能让每个生命焕发光彩。

不想给大家一种痴人说梦的印象，有机会的话不妨多一点"对抗"，做自己和孩子的神奇队长，**偶尔跳出社会、学校对我们的限制，用自己的理解去养育孩子**。现实中的挣扎一定比电影中更甚，可是总还是有机会做点什么吧？

从集体出走，成为内心强大的人

在心理学的书里读到这两个词——"心理安全"和"心理自由"。无论大人和孩子，都无时不在寻求安全感，但不断被否定的感受和强调服从集体的教育让我们很难获得真正的内在自由，而无条件接受自己的心理才是面对人生艰险时最大的能量。

曾经把这一部分的内容隐藏在其他章节里，直到一个第一次看到目录的很有洞察的妈妈朋友。她说："这应该在一开始就告诉读者。"因为我告诉她，真正想告诉父母的是："艺术从某种程度上可以打开人生的另一个通路，让我们勇敢，可以不听话，不畏惧成为自由的'少数派'。"

给孩子一片可以"不听话"的草原

这也是应试教育长大的70后、80后需要反思的部分，沉重但无法逃避。一个例子就是，在中队会上的发言体系（及作文书范文）中成长起来的父母，如何让孩子可以不蹈覆辙，学会真实面对自我？如何有勇气相信和尊重自己的感受且表达出来？

我们一生中遇到的大多数问题是复杂的、出人意料的。心理学家荣格认为，解决这些问题依赖于两种内部心理条件：心理安全和心理自由。心理安全是外在的，它取决于低风险的环境，在这种环境中，人们彼此间互相尊重；心理自由是内在的，它使我们进行思维游戏，能够接受经验并使我们获得自我力量（这种能力更多的是靠自我评估而不是靠他人评估）。

我们常说的"内心强大"的孩子，其实就是在成长的阶段中获得了"心理自由"的孩子。这和我们说的仅仅是不在乎外界评价的"二皮脸"不一样，我把它解读为是真正获得了给自己心理充电的内在机制和能力。而这种内在的心理自由会支持孩子不断探索、发现、相信自己的体验并驾驭和表达出来。

我曾经就是很典型的"听话"的小孩,听老师的话,否定自己的感受。比如我上学那会儿,老师很看不惯学生打扮,初一班主任甚至说"多照镜子都是有问题",这是防火防盗防早恋的时期。好在我有个内在的小孩儿藏在心里,不断地鼓动自己爱美。很多时候看到父母"用力过猛",比如一个妈妈朋友,放弃很高的职位带娃,并且极其焦虑,听从一切专家建议,在女儿参与玩乐活动的时候过度关注,一点点负面情绪都逃不过她的法眼,"关爱"到让围观的人都辛苦。终于白净的小姑娘"惊声尖叫",虽然打扰了其他的孩子,但我心里松了一口气,藏在里面的小孩儿终于开始抗争了。希望这个身体里捍卫自由的小卫士,能够早一点儿苏醒,并且不用这么激烈的方式斗争。果然,当妈妈不再关注女儿,跑去和别的小朋友一起安静涂色,小姑娘也安静下来了,观察别人做的有趣的事情,也开始尝试着做起来。

看看周围,"不听话"的小孩长大反而更可能有成就,因为他们获得更多心理自由。

成为内心强大的少数派

在这个匆忙的社会里,每个人都被外界的强大因素影响着,无论是商界还是艺术界,就像在投资界的风口理论,做追随者总是更安全,但做失去自我的追随者至少不会获得真正的尊重。看到无数成年人从未获得过完全的心理自由,一直在不断需要外在认同的心理安全,比如更高的职位、薪水,虚幻的带来"地位感"的物质。需要一直追随,获得了便失去意义,于是更加辛苦地追随,直到生命尽头。

如何获得心理自由?很多时候,我们以为知道自己在做什么,但其实我们只是因为收到了一个指令在执行它而已,但因为长期以来被暗示我们应该听从这个"权威"的指令(可能无形,也可能有形),所以我们去做。就像我在一篇文章中看到的关于"精英"的骗局,按照社会的标准,即便如愿做了"精英",但也依然不知道如何做自己。

在大众心理学经典读物《乌合之众》里,古斯塔夫·勒庞也谈到了教育,他说:"教育制度建立在一个错误的心理学基础上面。这种基础认为,智力是通过一心学好教科书来提高的,只要一个人的成绩足够好,那么他的智力就会获得稳步提高。"显然,这依然是中国社会目前的认知模式,虽然一直在说要做出改变,但看看现在的教科书,就会知道任重道远。

耶鲁大学教授、华人经济学家陈志武发现,很多国内培养的高才生,在专业上相当突出,但思维方式非常僵化、偏执,让人痛心。我想这就是长期"封锁"个人表达的教育体制之下的后遗症。无论解决方式是教育转型、通识教育,还是培养思辨型人才,形式上的转变都貌似不难,**最重要的是把"个人"重新找回来**,教育者真正体会到每个个体生命的独一无二和尊贵无比。陈教授提到的一个美国现象的确挺典型:"不管是聪明的,还是笨的人;不管是有能力的,还是没有能力的人,每个人都觉得自己很厉害,每个人都觉得自己是个人物,对什么事都有一番高论……"在中国留学生纷纷羡慕、嫉妒、恨印度人屡屡在大公司上位的今天,也可以反思如何从小帮助孩子积淀出强大的自我。

一个从小在国内读书移民到美国的妈妈,在反思对女儿的教育时说,她更多地用国内的教育方式来教导女儿,也就是"把教育等同于提要求",结果女儿在叛逆期发生了非常严重的问题:结交非常不好的朋友,甚至有自杀的倾向,不得不送进一个特殊的学校,以便和她的"朋友们"隔离开来。她参加了机构为父母组织的讲座，第一次了解到 Self-Esteem（自我认知）这个概念，才明白由于自己的持续打压，女儿学业虽好，却非常不自信。在特殊机构学习的过程中，这个女孩参与了医院的志愿者项目，她发现医生和普通的护工收入差距非常大。正是由于对 Self-Esteem 的提高，她提出了想做医生的想法。这个经历了许多的妈妈说，她已经放弃了给女儿提要求，只希望她能够快乐平安，但是正是对她的尊重，让她给自己的认知和定位与以往截然不同，她的内心强大起来是根本。

艺术给我们一条自由探索的路

一个在加拿大的朋友告诉我："你说的这些艺术教育的理念我都百分之百支持，可是我用这样的理念估计只能招来外国学生，中国的家长还是希望孩子可以学会画一个什么东西，要有立竿见影的效果。"

在国内知名大学设计系毕业的韩旭到芝加哥艺术学院读硕士，她说最大的冲击就是对于自我想法的挖掘。最大的痛苦除了语言的不适，更多的是不断地反思和推翻自己，不断地挖掘自己，逐渐逃脱从前关于艺术学习就是技能训练的窠臼，找到自己的声音和表达的自由。是否好看，已经不是最重要的事。

我常常说到美和艺术的教育。它们到底是什么？它们在哪里？**美不仅局限于视觉的美，而是无限接近真理的真相。**美和艺术的教育不仅关乎风花雪月，更涉及是否可以直面自己的灵魂。

对于低年龄的儿童，我们提供的养育，要适应他们的发展阶段。关于孩子适宜接触到的玩具和材料，已经有无数对父母的忠告，那些看上去简单的不设限的材料，甚至不那么像玩具的玩具，才更具有开发儿童创造力的效能。如同玩具尽可能不选择电动玩具，给孩子自由探索的空间需要更多地使用开放性的材料，以及对一切可能性的包容和鼓励。

某个教学体系的艺术教育认为孩子不应该接触黑色，在艺术创作中明令禁止使用黑色颜料。这就陷入了一种过度简化的思维窠臼，毕竟在创作中，黑色和白色都是非常重要的颜色，而每个人都如此不同。就像喜欢某一种颜色并不能简单地概括这一类孩子有某方面问题，比如我家大宝从小喜欢黑色，每次问他喜欢什么颜色，他一定斩钉截铁地说黑色。甚至三年级的时候，他说今天运气真好，因为穿了黑色衣服（其实有点深蓝色），老师一天表扬四次，明天还要穿黑色。

事关人的成长的时候，一切主张严苛的理念都值得父母三思。还记得开篇就说的吗？**父母舒服是教育第一要务！**

你也能像孩子一样感知和爱世界

世界变化的速度越来越快，忙碌的节奏当中，善意似乎越来越少。但当我们去看儿童本来的样子的时候，他们与生俱来的是如此真诚、美好。

Ashoka（阿育王）作为世界最有影响力的创新组织，在他们的 change maker[①] 学校里，有很大一部分是对创新、同理心有提升的教育项目。对每一个个体而言，能够感受到自己和外界的连接，觉知和主动选择自己的决定，就是建立自己和外部的正向连接，也是每个人终其一生要做的功课。

同理心是一项重要的能力

深秋的早上，大宝郑重地和我讨论："如果你对有毛的动物过敏，可不可以买一个没有毛的宠物？"他在得到首肯之后，兴奋地拿出钱包，通告弟弟："今天我要帮你买一只乌龟！"我简直无法拒绝他，对于热爱动物的他而言，这是一个巨大的好消息，而他深思熟虑的过程中所表现出的同理心让我深深感动。

世界最大的情商组织 6 Seconds 的 CEO Joshua Freedman（首席执行官乔舒瓦·弗理德曼），是情商领域声誉卓著的专家，他也是一个实践让孩子在家上学并颇有心得的父亲。在他的一部教育书籍 *Whole-Hearted Parenting* 中，提出了很多关于父母如何运用情商来创造更为平衡的家庭氛围，加强同理心来更好地理解和影响孩子的方法。实际上，在脑科学高度发展的今天，**艺术和审美能力也已经被证明可以用来提升情商，尤其是同理心。**

---

① change maker 是阿育王组织对于创新有责任感的学校的一种"认证"。

同理心和同情心不同，同情心是指对别人的遭遇产生关怀、理解的情感反应，但并没有体会到和别人一样的感受。同理心起源于一种对他人困扰的模仿，个体通过"模仿"引发相同的感受。这个模仿未必是身体的模仿，是从情绪上体察，感同身受的深刻情感。

艺术和情商之间是互相作用的。艺术的疗愈作用，高情商的共情能力也能够提升对艺术和生活美的欣赏和互动。 有趣的是，同理心一词来自希腊文"empatheia"，原意为"感受到"，最初的应用则是美学理论家用来形容感知他人主观体验的能力。这个能力对现在的孩子来说重要吗？

我有一个朋友 Elizabeth，是两个孩子的妈妈，曾经在咨询业工作很久，在北美、澳大利亚有很多工作经验，也是一名国际认证的情商教育的培训师。最近七年，Elizabeth 住在北京，给很多国际学校和幼儿园做策略发展方面的咨询。2015年，她组织了一系列工作坊，并且为一些已经被海外大学录取的高中生做情商评估和留学前的准备。她说测试的结果让她非常惊讶，很多孩子履历非常优秀，并且已经收到常青藤大学录取通知书，但是问到他们很多问题时，他们的答案不是"没有感觉""没有兴趣"，就是"如果和升学无关，想不到为什么要做这些事"，更遑论同理心了。这个朋友说："和他们的交流就像隔着一堵看不见的墙。"这是很可怕的一种现象，越来越多的孩子在压力之下选择关闭自己的情感，切断与外部的连接。

做些什么可以帮到这些孩子？同理心研究专家马丁·霍夫曼提出，**道德的根源在于同理心，同理心是道德判断和行动的基础**。丹尼尔·格尔曼在《情商》里写道："同理心的最高水平出现在童年期后期，在这个阶段，儿童能够超越当下的情景来理解困扰，此时他们可以感受到整个群体的困苦，这种理解到了成年期,会演变为以希望减少贫困和不公正为核心的道德信念。"

大宝6岁的时候,我带他去柬埔寨旅行,路上总会遇到当地小孩卖明信片,有些孩子有明显的残疾。大人们都是尽可能从中脱身,大宝在那里一美元一张地买,直到把手里的钱都花完,来问我要钱,"因为还有几个小朋友的我还没有买"。一个同行的阿姨跟小孩讨价还价,一美元买了一套十张,她笑话大宝亏了,我果断地打断了她。回来给小朋友分明信片,有个小朋友说:"那些都是骗人的。"很感慨他的父母这么急于给孩子看到这个世界的丑陋。

一个在南非多年的朋友在我的育儿约稿中写下这样一个故事:"德班的路口,经常会有一些乞丐在车辆停车等红灯的时候走过来乞讨。曾经有一次,我顺口说了一句:'这些人不应该这样啊,四肢健全,怎么不去找工作?偏偏站在这儿要钱,真是太懒了。'听完这话,坐在后排的大儿子驼驼对我说:'爸爸,你可以不给他钱,但你不要这么说人家坏话,因为你不了解他……'"朋友被说得无地自容,深深反思。这孩子同理心真是了得!

对我而言,这更是一个我们成人向孩子学习的过程,而并非告诉他们"真实世界如何不堪",他们更是一种能量和希望,可以塑造出一个更好的世界,只要我们不要那么努力急迫地磨灭儿童的同理心。

用艺术提升同理心

如何保有童年期后期的同理心,不因为外界而磨灭?艺术的审美体验可以做到。而正是因为艺术某种程度上独立于生活之外,关于相关话题的讨论不会干扰现实世界里的人际关系、亲子关系。

乔伊·伯特林(Joy Bertling)是乔治亚大学的艺术教育博士,

她分享了神经科学和认知心理学中的新发现，她的研究显示，艺术可以加强青少年的同理心。越来越多的学者认为，**同理心是审美体验中最重要的一个组成**。一个艺术作品的审美体验包含了个体的意义、认知、文化、情感、记忆……

神经科学的研究表明，当欣赏一个艺术作品的时候，观赏者大脑中的镜像神经元会启动一种无意识的过程与作品连接（Freedberg&Gallese，2007）。镜像神经元会带给观者主题及作品相关的感受和体验，并且激活观看者的情绪。情感回应的启动，能够激发观者对作品内容的同理心反应。这项研究证明艺术教育可以帮助学生通过对艺术的审美体验提升同理心。

需要注意的是，试图用艺术审美来提升同理心的前提，是对孩子们过往艺术经验的透彻理解。为什么我一直认为家庭美育以及父母参与甚至主导其中至关重要？因为我们对孩子的成长背景、家庭和文化环境最为了解。遗憾的是，很多时候，虽然家长试图通过艺术来接近孩子，但目的性太强的"引导"，反而难以真正激发出孩子的同理心。其实要充分考虑到孩子的个人背景，流畅交流的能力，他们秉承的价值观等。就像在我看到的很多美术班中，用力过度的"引导"表演，反而让孩子不知所措。

要求更高一点的话，**父母可以从以下三个角度来选择和判断适合发展孩子情商和同理心的艺术活动**。（1）利用孩子已经掌握的经验和知识，不会太超前，也不要太简单。孩子的主观体验、记忆、文化背景、情感类型等。（2）了解大脑中镜像神经元会自动模仿动作、情感以及身体其他的感觉。这个最好的例子就是奥运会上体操运动员的父母在看台上跟随着表演不自觉地做出躲避等动作。（3）仔细选择各种适合的艺术内容，和孩子的情绪、状态、爱好关联，有助于孩子做出积极的响应。

同理心在与艺术作品和美的邂逅中发生，我们不需要设计一种唯一的情绪，"应该"是怎样的，对于家长来说，要了解到任何一种情绪都是存在着的，都是有必要的。**同理心从来都不是强加给孩子，而需要在多元的体验中自己体会，我们可以更容易地用艺术带给孩子这种多元的文化和情绪的体验。**

很多当代的艺术作品和展览，都与社会议题直接相关。看到一个新闻，宜家在商场里复制了一个家庭临时避难所，一模一样的环境，家徒四壁，只有一些破烂的小物件。但就是这些真实打动了人群，筹集了相当可观的资金。在 MoMA，我也看到过一个关于避难所的展览，有不同阶段的世界各地避难所的图片，并且现场搭建了联合国有关人员临时居住的帐篷，观众可以探头看到内部居住空间的局促，进而对世界局势以及自己的生存状态产生联想和反思。所以也不要说当代艺术是看不懂的，和社会联系更紧密，让我们看到身体和视线不曾触及的地方和话题，对我们、对孩子何尝不是最好的教育？

疗愈情绪，艺术即表达

位于硅谷的学校 Synapse 是 6 seconds 组织的实验学校，这所学校把关于情商的很多练习融入儿童的日常活动。比如在每天早上孩子们来到教室，可以选择将自己的名签放进从 1~10 的数字桶里，这个数字就是他对自己的状态和情绪的觉察。选择 3 和 6 当然都没有对错，这只是对自己当下的觉知。老师会在一天当中找到合适的契机和孩子沟通，让他们了解，面对自己的情绪总是有选择的，并以此为途径找到可以超越自己的方法，课堂上也有很多通过艺术创作来表达自己的环节。

关于情绪在儿童的艺术创作过程中的作用，和一个做艺术教育的妈妈小暇聊过，她的专业是美术史，自己有两个孩子，从自己和朋友的孩子开始琢磨探索儿童艺术教育，目前已经有五六年的时间，很多孩子跟着她一路学下来。她的艺术教育理念当中最与众不同的一点，就是她对孩子创作过程中情绪的关注。她说："每个孩子的创作和艺术家的创作都是一样的，那个时刻的情绪主导了创作的走向。"所以她在课堂上虽然有既定的主题和材料的安排，但在引导创作的过程中，她非常注意每个孩子的情绪，引导孩子接受当下的情绪来更好地完成创作。

很多情况下，**育儿面临的真正挑战，只是孩子和父母的情绪而已，而艺术的疗愈作用能够给每个家庭积极的支持**。情绪没有好和不好，每一种情绪都是我们可以利用的资源。认识到自己的情绪，学习尝试用语言或其他不产生伤害的方式表达出来，需要练习的过程，艺术是这个过程中最自然的方法。

一位我熟悉的艺术教育者，在教学手记中记录了一个愤怒和抗拒的孩子如何在美术课上用笔戳纸消化情绪。小苹果树学堂的创办人、艺术家杜婕老师提到过她的一次艺术课堂体验：一对母子因为一件很小的事情僵持不下，在所有小朋友已经开始创作之后，孩子依然没有开始。杜老师提醒孩子颜料和纸已经要干了，他还是犹豫，没有行动，然后杜老师帮他开始，当湿水彩画到纸上的时候，孩子的眼睛亮了，开始投入地画起来。而这时候老师建议妈妈也画一点，可以再用新的颜料，而孩子则很大方地尽释前嫌，说："没关系，她可以用我的。"

艺术的神奇疗愈功能，心灵释放的功能，情绪调节的功能，从中可见。在每个创作的过程中，心、脑、手高度统一，孩子全情投入，自由表达。情绪可以在孩子的画里清楚地表现出来。

曼陀罗是来自藏传佛教的一种艺术形式，被很多艺术治疗师用在治疗项目中，在曼陀罗的制作中，从清理身体到创作、合作、完成、销毁、放送……每个环节都是重要的一步，因为创作的过程，能量已经转化到创作者身体中，所以可以销毁，而在将灰烬送到河流中的时候，在目送的过程中会有思考，会有情绪发生。那些从小逼孩子画画学技巧，长大之后又拦住孩子做艺术的父母，一定没有理解，艺术本身就已经是奖赏，而唯有如此，它的神奇的疗愈功能才能够发挥出来，帮助孩子抒发、疏导、内观、成长。

把对艺术欣赏的心放在生活中，有更多的同理心，关怀他人，换位思考，与外界连接。好的艺术品让孩子有同理心和同情心，不要只陷在自己的思维模式里，这是父母对孩子最好的馈赠。

2 / 美的教育,从享受生活开始

教育更重要的不是知识的传授,而是心性的养成。每个家庭都是一个审美空间,而妈妈就是这个空间里的引领人。和孩子一起发现美,最美的是我们看待孩子时宛若宝藏的目光。

生活在未来的孩子,他们从家庭带走的都是无形的东西,审美是我们留存在孩子身上的另一个DNA。

用美和艺术的教育培养孩子创感时代所必需的能力。

审美水准就是"妈妈的味道"
除了生存,更要让孩子过上有意义的生活
用艺术教育塑造完整的孩子
没有批判思维,人与咸鱼无异

审美水准就是"妈妈的味道"

你知道吗？审美这事儿最早在大概十五万年前的智人时代就已经存在了，虽然粗糙，但人类的老祖宗们已经开始收藏艺术品，在生活尚且动荡，上顿不接下顿的时候，给孩子戴上用兽骨打磨的项链，最初的人类就这样开始追求美，制作装饰品和配饰了。想想看，经过这么多年的变迁，自然的、人类社会的，我们的审美基因一直保存下来。

人都有一个无论走多远都抹不掉的印记——生病的时候，思乡的时候，都会不自觉地想念"妈妈的味道"，哪怕只是一碗普通的粥和面。审美也是妈妈用另一种方式留给我们的印记，无论走多远，都留存在生命里。

育儿的功夫不在书里而在生活里

每个人的成长史就是他的审美体验史，他的视觉的、听觉的、味觉的、触觉的、嗅觉的体验造就了他的艺术、音乐、饮食，乃至整个生活的品位和品质，或者说幸福感。而这个体验是和成长环境，尤其是家庭环境密不可分的。

曾经看到一本小书——《中国公众家庭审美调查》，是中央美院实验艺术系的两位教授——吕胜中、邬建安带领学生做的一项研究，他们在调查中发现，经济状况虽然会影响人们的审美选择，但人们还是努力向自己所认同和向往的审美理想靠近。在项目出版物的总结中有这样一句话："每一户家庭实际上都是一个封闭的审美空间，在这个空间里，人们真实地展现自己的审美态度。"

如果把每个家庭都看作一个审美空间，在这里，妈妈就是孩子审美的导师。

作家梁晓声说:"**民族和民族的较量,也往往是母亲和母亲们的较量**。"虽然有人说育儿拼的是妈妈的人生功底,但这个功底不是在书和理论,而在生活的美的细节。这个功底不着声色,面对孩子甚至不必很明确地告诉他,这个美不美、好不好,带孩子置身其中,享受其中,**艺术、自然、生活随处都是教育**。种下美的种子,他自会开花。

对每个普通人而言,美不是遥不可及的名画、名曲。美是某个记忆的黄昏,午后放学,孩童卸下一身重担的奔跑;美是沏一壶好茶,听雨一直下,知道等待的人一定会来的笃定;美是听到一段不知名字的音乐,刚好契合当下心情的愉悦……每个生命都会有这样一个个瞬间,我们用不同的方式体验和感受到的美,是我们记忆中散落的珍珠,在不经意间提醒生命的美好和存在。

关于艺术教育,因为关注较多,常有些无奈和感慨,而一次看到亚里士多德说的话,真的被惊到,好像就是在纠正当下的现实,他认为:"学习音乐不能为参加竞赛而刻苦进行技术训练,也不能追求令人惊奇和高超的表演,应以青少年达到能够欣赏高雅的旋律和节奏的水平为限……"无论哪一条美育的路,艺术、自然、生活,都是为了我们能够享受其中,滋养灵魂。

妈妈的人生功底的积累,其实不是去参加家庭关系工作坊,学更多如何让你痛哭流涕的疗愈课程,只有通过美育,获得内心的强大和能够化解一切的力量,才能够给孩子一个不同的世界。这里讲的美育包括艺术、自然、生活的每个细节,艺术或是我最心仪的一条路。每个妈妈都可以在生活中找到最舒服的那条美育之路,和孩子一起走。

妈妈的美育功底也不是妈妈们琴棋书画样样精通,而是给孩子空间和时间,和他一起欣赏,欣赏生活,欣赏艺术,更重要

的是欣赏我们的孩子——这个世间最美的存在，通过我们而来的奇迹。

我在读 MBA 的时候，在芝加哥的一个"自由博物馆"兼职做儿童公共教育方面的项目，当时大选如火如荼，是极好的兜售民主、自由之类概念的机会。于是我们为来访的小朋友准备了设计和制作"自由徽章"的工具，就是用红蓝颜色画出、写出或涂色已有图案，再亲手压膜制作，然后美美地戴上并拍照留念。活动即将收工的时候，一个妈妈带着一个大概五六岁孩子来了，他们自助拿了笔纸在画，我兀自开始收整工具。但不同寻常的是，这个孩子非常慢的动作，以及明显落后于年龄的绘画能力，我不禁心生同情，看着他的妈妈。可这位妈妈看着孩子那充满自豪的眼神震撼着我。我停下收拾工具的步骤，放慢速度，和这位妈妈一起帮他完成徽章，然后拍照留念。

妈妈看到孩子这宛若看到世间珍宝的目光，就是最美的礼物，慢一点，一起享受生活给予我们的这一刻，就是美育。

把握做父母的有效期——十年

从我生老大开始，我就和所有新手妈妈一样，用力研读各派育儿理论，男孩怎么养，3 岁之前必须做的，越读越焦虑，适用于其他妈妈的方法未必适合我，那些听上去很美的基础研究和理论解决不了当下的问题，终于可以顺利面对现在的状况时，新的挑战又出现……努力学习"最新的""最科学的"教育理念、教育方法来充实自己。当看到的、听到的"教育理念"越来越多时，面对孩子的时候反而更加无措了。

做妈妈是一个和焦虑抗争的过程，索性放下这些焦虑，专心过好自己生活的时候，一切都变了。带着他们去做我喜欢和享受的事情，在家里画画、看书，去看画展，在自然里逛逛，也不再大包小包，搬家般地准备物资，随遇而安。心境变了，孩子也变了。

很喜欢向比自己孩子大两三岁的妈妈请教，因为对于未知，我们是有焦虑的，她们刚刚经历过的就是我们即将要面对的。两年前，我问翻译过两百本绘本，中文流利到如母语一般的猿渡静子老师，问："11岁的孩子和8岁9岁有什么不同？"她说，大概11岁之后，孩子受同伴的影响就更多，她的儿子当时11岁，已经深刻体会到这一点。

龙应台也说过："做父母是有有效期的。"这个有效期就是我们能够更多地影响到他们的时间段。有效期之后，我们希望他带着什么慢慢走远，当他们站在一定的距离之外回看，你希望他看到什么样的我们？我们和孩子之间的联系又是什么？

这些有效期之外依然有效的东西，往往是无形的，比如生活的习惯，对食物的喜好，对音乐和艺术的接受度……关于美的享受占据了非常重要的地位，能够体味到生活和艺术之美带来的愉悦，是一件多么幸运的事，也是人之所以为人最为宝贵的和无法被剥夺的权利。

美是看不见的竞争力，艺术、生活各方面，皆有看不见的审美水准时刻衡量你，甚至大多是不经意和下意识的。**这个看不见的标准，带给人生最多的幸福和愉悦，是生活方式，是人生的方式，人生幸福必需的组成部分。**

在一个国家快速奔跑了几十年之后，常听到一些关于信仰缺失的遗憾，躁动、无法按捺的人群亟须"降温"，需要慢下来好好思考我们到底是谁的问题，各种制衡之下，美育或是唯一通道。如果孩子要离开我们进入这烦躁的世界，给他可以慢下来的方法可以怡养自己的方法。

在一个"战斗"的早上，我在厨房煎蛋，大声招呼孩子们穿衣刷牙，准备上学，大宝没有回应，让我生气。他驻足窗前，回头很委屈地说："我在看云！"是啊，我打断了这么重要的一件事！每天早上抬头看看天，看看云的变化，领会世界给我们的美好，白云配煎蛋或穿越雾霾的一只鸟，就是我们共同生活的记忆和味道。

有时候不是孩子从我们这里习得了关于美的习惯，而是他自己带来的对美的感知没有被限制掉，所有的父母和教育者，都需要带着敬畏的心去做所谓的教育和启蒙，也带给我们自己自由。

席勒提出，在感性和理性之间还有一个审美心境："唯有在审美状态中，我们才感到我们好像挣脱了时间，我们的任性才纯洁而完整地表现出来。"比如因为看云而忘记了早餐。闭上眼睛，你可否有任何关于自己处于审美状态的记忆？或是海上日出，太阳升腾而起的瞬间？或是年少时初夏校园里飘飞的裙裾？暂且让我们这些凡人，把这样的时间仿佛凝固的与美相遇的"惊艳"瞬间体验，叫作审美心境吧。

把握有效的十年没有一个标准答案，用心去体味生活的瞬间，无论可以做到 7×24 小时的全职妈妈，还是每天只有半个小时的工作妈妈，身、心都在当下的陪伴，你的味道，你的样子，你们一起做的事、说的话，都会成为看不见的印记留存在孩子的心底，引导孩子的人生。

审美是我们留在孩子身上的另一个 DNA。

创感时代，帮孩子成为最好的自己

2016 年 1 月，达沃斯世界经济论坛（WEF）上，专家提出了第四次工业革命社会结构性调整的方面：到 2030 年，现有职业的 60% 将会消失……更为触目惊心的是，当我们的子女一代到了 40 岁时，他们在学校内所学的 80%~90% 的内容将变得无用……

谁能定义未来呢？曾经流行的一本丹尼尔·平克（Daniel Pink）的《全新思维》，概括说，未来的时代是创感时代（Conceptual Age）。这个词曾被翻译成"概念时代""感性时代"，都不够精准，创感时代是上海交通大学黎家厚教授的重新解读。我特别喜欢和认同这个关于未来时代的名字。

"创感时代"到底是一个什么样的时代呢？我们可以回头再看一看人类社会的变迁，从原始时期到农耕时代，从工业时代，再到当下的信息时代，其实人类社会的变迁和三种力量的共同作用息息相关——物质财富、技术进步和全球化。在原始、农耕和工业时代，经济和社会发展取决于大规模的生产，所以我们在教育中就会更加重视规范化和经验的传递。等社会发展到了信息时代，人们越来越重视知识工作而轻视体力劳动，所以教育会偏重知识框架的建立和知识的运用。而未来呢，整个人类社会在21世纪会走向一个什么样的时代呢？

农业社会，劳作要体力；工业社会，人是流水线上的一环；信息时代，多用左脑分析能力；未来的"创感时代"，人真的成为人，创造力、感受力，作为人独一无二的存在的软性实力。从1997年象棋大师卡斯帕罗败给超级电脑深蓝，到2016年人工智能系统阿尔法狗（Alpha Go）与李世石的人机围棋之战，我们可以预测，在未来的"创感时代"，机器和软件将可以代替大部分人的工作职能。等到了那个时候，我们的孩子作为人的优势又在哪里呢？

美国前教育部长理查德·赖利（RichardRiley）也说过，2010年最迫切需要的十种工作，在2004年还没出现；我们必须教导现在的学生，毕业后投入目前还不存在的工作，使用根本还未发明的科技，解决我们从未想象过的问题。所以，我们必须要非常清醒，与知识相比，教会孩子如何学习知识，如何应用知识解决问题，如何形成国际化思维，是帮助孩子在21世纪成为合格人才的关键。

"创感时代"的教育目的，应该是帮助孩子为他未来的人生做好准备。而每个孩子的天赋、秉性、兴趣不同，我们要时刻提醒父母和教育者，孩子最终要自己面对自己的挑战获得幸福。

对孩子教育的计划，无论是出国还是不出国，无论是公立还是私立，都不能忽略了家庭教育在其中的主导作用，不能因为自己的视野限制了孩子。我们要看到社会变化导致对人才需求的深刻改变。即便学校教育无法短期调整，如何帮助孩子培养未来创感时代的能力，也应该成为家庭教育最为核心的目标。

"美育从妈妈开始"，就是和大家探讨，如何通过美和艺术的教育，培养孩子在创感时代具备感受力和创造力。在这个过程里，和孩子一起，自由自在地培养和发展他们面向未来的能力，也收获更紧密、亲近的亲子和家庭关系，让孩子找到自己，成为最好的自己。

除了生存，更要让孩子过上有意义的生活

在传递自己的经验、知识的教育过程中，尊重每个孩子的存在，帮助他们获得独特的、积极的生命体验，帮助他们为自己未来的成长与发展做好准备，这才是父母的教育责任和终极目的。

不把人生追求系于外境，无论闲时、忙时，心都足够定，发现生活的意义，也是教育的更大意义。著名画家、艺术教育家丰子恺，一直以极大的热情呼吁大家要重视儿童美育，正是因为美和艺术的教育作用在于打动人的情感。世界没有艺术，人生会显得寂寥而枯燥。丰子恺说："我无论何等寂寞、何等烦恼、何等忧惧、何等消沉的时候，只要一唱儿时的歌，便有儿时的心出来抚慰我，鼓励我，解除我的寂寞、烦恼、忧惧和消沉，使我回到儿时的健全。"

艺术是美的更集中的表现，因为人类是多么需要表达对自己、对自然、对世界的爱、恨、愉悦等各种情感以及自我在其中的投射。从膜拜自然、朝拜神灵、表达爱意、叙述史诗……艺术是美也是人类文明发展史不说谎话的浓缩。

让我们一起从源头想想，为什么儿童要学艺术？抛去技巧，是帮孩子找到抒发情感的渠道，记录自己成长中的变化，还是更细腻的感知？

很多妈妈朋友送孩子去学艺术，都说"不指望他能学个什么"，那指望的又是什么呢？回答大多是："在孩子长大之后，无论顺境、逆境，都可以有一个寄托和心灵的抚慰。"一位艺术家朋友的太太，一直在企业里工作，聊天的时候她讲道，她和先生最大的差别就是先生有绘画的爱好，她发现无论什么样的境况之下，先生都有一件事让自己沉浸和享受其中，而自己多年在企

业忙碌，工作、加班，如果停下来就会茫然，需要外在的方向。艺术给心灵多一点点定力，如果说其他的忙碌是能量的消耗，那艺术就是一种心灵的营养补充吧。

我在美国国家艺术教育协会网站上曾经看到过一份报告，这份题为《艺术教育的国际标准——对十三个国家和地区的标准、实践、目标的回顾》的报告详细对比和研究了包括美国、英国、澳大利亚、中国在内的十三个国家和地区的艺术教育国家标准。

这像是一份关于全球艺术教育的"快照"，虽然表述、框架、形式都不大一样，但研究人员从十三个国家和地区艺术教育标准的阐述中梳理、提炼出的"为什么学艺术的四个理由"，给我带来很大启发：

艺术促进对多元文化的理解，艺术作品背后的社会、历史、文化背景

为什么要理解多元文化？对多元文化、艺术的接触和理解，能够让我们以更开阔的心胸来面对世界，有更多平等开放的交流，能够和不同文化背景的人共事、做朋友。

社会和历史隐藏在艺术背后，在欣赏艺术的过程中，一个来自非洲原始部落的面具和一幅美国超现实主义大师的作品，是平等和不必分出高下的。对多元艺术的接受和理解，对于孩子形成正确的自我认知也是有帮助的。我之前创办的非营利咨询机构，就和一个打工子弟的艺术教育项目有过深入合作，这个艺术项目主要是带孩子们去接触艺术、学习艺术，提升需要帮助的青少年群体的抗逆能力。通过艺术项目能够让身处逆境的青少年提升自我认知，改善行为，融入社会。

21世纪教育研究院的理事长，著名教育家杨东平老师在《中国留学生，人家为什么不想带你玩了》里提到中国留学生"这个

英语不好、喜欢扎堆和默不出声的一群"。密歇根州立大学本科生学院副院长托马斯·沃尔夫说，课堂上的大部分中国学生"非常安静而且躲在角落，大家甚至不知道他们的存在"。除了学术不诚信，中国留学生群体显然没有做好融入多元文化的准备，"绝大部分不仅只和中国留学生一起玩儿，甚至又分成江浙沪、北京、东北这样的小群体"。中国留学生要在学术方面取得成功，显然需要长期的努力，但如果早期就通过艺术多接受多元文化的洗礼，想必在进入美国大学之后，面对挑战也会更轻松，交流和融入相对会更简单。

艺术促进批判和创造性思维，提高解决问题的能力

这是现有中国艺术专业毕业老师的软肋，因为"专业"，很容易把自己受到的技巧训练移植到艺术教学中。在各国的艺术标准中，几个大的类别包括舞蹈、视觉艺术、音乐、戏剧等。遗憾的是，中国还仅在视觉艺术和音乐两个领域有自己的国家标准。而英国甚至在"设计与科技"方面也有单独教育的阐述，怪不得在创意、设计领域一直如此领先。20世纪80年代，英国皇家艺术学院就开展过关于"设计通识教育"的研究，提出了"设计是第三类教育"的观点。时至今日，设计已经作为一种通识教育，而不是专业教育的一部分被引入英国的中学教育阶段。

艺术没有唯一标准，但不意味着艺术教育没有标准。除了审美意义，如何用艺术批评的技巧来提升批判思维能力也值得探讨。不知道大家有没有意识到，我们已经越来越乐于接受标题党般的现成观点。我们要警惕在了解资讯的同时，也接受了一个既定的观点。人们聚在一起经常用别人的观点来沟通，基本几句下来就大概知道每个人关注的是哪些公众号，刚看了哪几篇流行文章⋯⋯

艺术或是在我们的教育体制外，唯一可以用于培养孩子自由表达，提升创造性思维的领域。个体经验和观点得到珍视，没有权威和标准化的压迫。艺术批评的本质是通过理解艺术找到自己生命的意义，并理解别人的意图。以此为基础，才能够以更为开放的思路提升创造性思维。至于解决问题，艺术创作的过程中，要通过掌控材料、设定目标、处理过程中的不确定性达到目的，当然这些都是解决问题不可或缺的技巧。

要实现这些，对艺术教育项目的规划就提出了非常高的要求。我的好朋友，中央美院国画系毕业的高才生，现在旅居加拿大的华人妈妈 Jamie 也发现，自己两个孩子的作业无论是科学、历史，大概至少 50% 的内容是写写画画，用艺术的方式来表达出来，把艺术手段当作重要的解决问题和学习的手段。

艺术是独一无二的交流方式

比较容易理解，艺术的产生就是功能性的，无论是与神灵的沟通，与自然的沟通，还是与同族的沟通，艺术都是远远超越语言直指心灵的沟通方式。颜色、线条、笔触、造型、肢体动作、舞蹈、表情、乐音、节奏……太多的元素可以为我们所用，去自由地创造只属于每个个体的自由独特的交流方式。

技巧对掌控这些元素当然有帮助，但真正重要的还是内心的自由，如此才能够从工匠的窠臼中逃脱出来。守护这份自由才能够接收到和读得懂孩子的艺术语汇，作为家长和教育者才可能收获惊喜。任何艺术门类习得的技巧，都是为了更好地表达和交流，在技巧的习练中丧失感知、失去表达是本末倒置、令人痛心的。

很多时候，我看到的艺术教育集中在技巧的培训，比如小姑娘开始学舞蹈也是局限在"教授"一些动作组合。其实舞蹈中，身体本身就是表演的最好工具，而这个表演不只是学了规定动作，培养对音乐、情绪、节奏的敏感比学会一组动作要有意义得多。我们不再需要那么多掌握了技巧却行为乖张的"国际比赛"金牌的童星。给每个孩子机会，多一种交流的方式，让他们找到最舒服的语言，自由表达他自己。

艺术能够培养愉悦的状态，提升幸福感

艺术本身就是一个疗愈的过程。一个有很多创业想法的朋友提到做养老的项目，我说可以融合艺术教育；再提到一个医疗项目，我说还是可以融合艺术康复项目。只要有人的地方，艺术就可以成为提升人的幸福感、疗愈心灵的方式。我所在的UI校友会上海的会长在麦肯锡工作，是组织发展方面的专家，她常常分享一些和艺术相关的管理方面的工作坊，交响乐、艺术创作……无论什么群体，艺术都可以用特别的方式来启迪思维、跨越成长。在我参加的一个国际情商组织的认证工作坊当中，也有大量的艺术形式出现：沙画、自由绘画、音乐、立体造型……

在养育两个男孩的生活中，调停各种纠纷逐渐成了我的"主营业务"，虽然两个人去朋友家都会单独为兄弟留下一块蛋糕，但见了面就是互相挑衅、配合挑衅、弄假成真的循环。化解一个剑拔弩张的夜晚，对我来说就是把大家努力带到这种状态：听着音乐，给他们纸和颜料，安静地画画，当然也有各种奇葩的表演。大宝9岁了，在放松的状态下，听到音乐还会翩翩起舞，用身体表达音乐情绪非常准确。有一次，大宝住到他的一个朋友家，朋友学了多年钢琴，是技艺高超的钢琴小王子，朋友的妈妈发来一小段视频：大宝在朋友练琴的时候又忘形起舞。我见怪不怪，视频后却多了一条微信："保留下来这么本真的音乐感觉，真的让人感动……"

哪怕只是简单地体会到艺术的美好，无论欣赏和创作，都不枉生命又多过一天。就像一位不知名的艺术家说的："创作本身就是一种奖励。"对家长和教育者而言，你是否享受到艺术带来的愉悦，孩子们都能够感受到。一天早上，小宝有点起床气，大宝哄弟弟未果，跟我说："听点音乐吧。"

一个做教育多年的朋友，虽然是工作繁忙的创业爸爸，但他用和大女儿每日晨诵读诗的方式来体验美和艺术。女儿小小年纪，写得一手好文章。她说，读诗给她的生活带来的是一个个"短短的美好"。这些美好和愉悦不是感官的刺激，而是对心灵无声的滋养。**有艺术陪伴，幸福加身。**

《美国国家艺术教育标准》里面有一段话：懂得和实践艺术，是我们儿童的思维和心灵健康发展的基础……任何一种文明中，艺术与"教育"一词的根本含义都是密不可分的。如果我们的文明要保持长久的动力和养分，它最终要依赖于我们儿童能力发展的程度。**这不仅意味着他们能在这个庞杂的世界中求得生计，更重要的是他们能够过上有意义的、丰富的生活。**

用艺术教育塑造完整的孩子

相信每个孩子都有自己的一个精神内核，激发内在的原动力比教授所谓的知识更有效。儿童早期就开始零散的知识点的学习，再加上不间断的考试测评，这些片面认知都会割裂孩子作为一个完整的人的认知，对孩子来说，他们就是用全部的感官在"全方位地吸收"。我们要抵抗教育市场以及身边的妈妈带来的焦虑，给孩子一点时间完整地成长，拓展视野，看到未来，陪伴孩子过好每一个当下。

艺术永远是一个我们发现自己究竟是谁的渠道，我们用生活和艺术滋养孩子，必须强调的是全部的孩子——而非仅仅那些被定义为有天分的孩子。哈佛大学第二十六任校长尼尔·陆登庭教授1998年在北大发表演说的时候说："对于优秀的教育来说，还有更加重要的，不能用美元和人民币衡量的任务。**最好的教育不但帮助人们在事业上获得成功，还应该使学生更善于思考并具有更强的好奇心、洞察力和创造精神，成为人格和心理更加健全和完美的人。**这种教育既有助于科学家鉴赏艺术，又有助于艺术家认识科学……"

和中国颇有渊源的著名心理学家、多元智能学说的建立者加德纳教授，在几十年当中多次访问和研究中美艺术教育，他最大的印象是中国更加低龄化的艺术技能训练，主张技能的训练达到一定基础之后再发展创造力；而美国的艺术教育更强调保护儿童的想象力和创造力，技能的培养在一定年龄之后才开始重视……两种主张孰是孰非，留给大家自己评判。艺术教育带给儿童的不仅是艺术能力，还有这些艺术基础、能力和习惯对完整孩子的塑造。

1994年，美国全国艺术教育协会联盟发布了《艺术教育标准》，这个纲领性的文件勾勒出学生应该理解的以及在舞蹈、音乐、戏剧、视觉艺术课堂上参与和做到的主要活动。十六年之后，21世纪能力合作组织发表了和艺术教育者合作的21世纪艺术技能纲领。这个文件阐述了极为具体的十三个以艺术为基础的习惯和能力，包括批判思维和问题解决、沟通、合作、创造力、信息解读、社交、跨文化技能，等等。

　　描和画是艺术创造的基础，但完整的艺术教育应该有更为宽泛的内涵，尤其在美育、艺术批判、艺术和文化的关系等方面。美国艺术教育协会提出的艺术教育四个领域如下：

艺术创造：在一项活动中，孩子运用各种合适的艺术工具创造作品，表达他们个人的看法、感觉和知觉。

　　安娜·金纳德（Anna Kindler）在她的研究中发现，孩子的视觉思考由对媒体的探索开始。当孩子开始绘画的时候，他们把非视觉的连同视觉的意义附在行为上。他们对意义的整体探询中也运用手势，模仿噪音和语言。也就是孩子其实已经在通过他们的行为制造意义。我家两个孩子最喜欢给我讲述他们的作品，很多故事的发生，都在作品中；或者他自己会出现在画面里，常常是最英雄的那一个，他的朋友们也会在画面里出现，从画里人物的故事能够了解到他和朋友之间游戏的时候发生了什么。

　　艺术创作其实是非常正常的活动，不是魔术的或者极其特殊的事情。保罗·塞尚也并非天赋异禀，但是，只有持之以恒，才能成为大师。很多四五岁的小朋友的家长问我，孩子好像挺有绘画天分，怎么办？我认为，适时地教授孩子一些技法和材料的探索，告诉孩子不确定性，是可以使他进步的。

审美：作为思想和哲学的分支，涉及艺术的本质和意义，作为全部感觉的一种提炼，是孩子即将学习其他内容的基础。

审美很多时候被狭隘地理解为"美的""精致的"事物，或局限在艺术，其实，哪怕传统艺术中精妙的形式，也并不是为其自身而存在的，这些审美要素是为了吸引人们关注艺术中人与人、代与代传达的价值观念和信仰。

传统艺术的风格相对是一致的，创新不是艺术家的任务，现在放在美术馆、博物馆的很多被膜拜的艺术品，承担了吸引异性、巩固文化阶层等功能——不仅是美学功能，更是解决问题的方法。

现代艺术很多关于"丑"的评价，传统美学的理论在这里有时候就走不通了。要知道现代主义以个人而非群体为中心，最好的现代艺术被认为是最能够创造性地表达自我的。很多国内艺术院校毕业生出国读艺术专业，最大的不适是面对同学和老师一遍遍关于意义的追问，而传统的"美不美"被放到了次要的位置。

所以，背后的意义，对自我感觉的发掘和提炼是艺术和美给孩子成长带来的积淀。

艺术批评：孩子怎样看和理解艺术作品，以及学会怎样用自己的语言来表述、分析、解释和判断。

艺术批评对孩子来说，是培养批判思维的极佳途径，孩子可以据此学习解读艺术作品所反应的现实世界。关于批判、批评，在我们的语境里有一些负面的意思，其实更精准地表述，这个更接近于批判思维（critical thinking），也就是除了用非黑即白的简单浅层次反应之外，孩子们可以尝试找到引申的意义，并理解别人的真实意图。

艺术不仅仅是审美对象。艺术批评能够帮助孩子理解、评估、回应艺术和视觉文化的个性化作品。这些大词套在小孩子身上，可能有点违和，但学习艺术批评的意义如此，在不同年龄段的孩子身上，和他们的发展阶段相适应即可。比如在带孩子去看展览的时候，他们依然可以思考并用自己的语言回答，这是什么？意味着什么？有什么价值？它为了什么？对这四个问题的回答就构成了基本的批评程序。

艺术史：让孩子增加对所有时代的艺术是在什么地方产生和他们在文化中持续发展的了解。

不同时代、不同文化的人类在某些方面是相似的，一旦能够理解一件艺术作品原创的情景，孩子会不自觉地将之与自己生活中的某些方面进行比较和参照。艺术史是什么？是故事，是桥段，是佳话。艺术史的角度比史实本身更有价值，因为艺术史并不是沉重的，而是通过艺术史来理解当时的社会和事件。

通过艺术史，可以帮助孩子们建立社会意识，建立对文化差异性和多元性的理解和支持。杜威认为，**教育是一种对经验的评估**，也就是说，我们是通过反思我们与世界打交道的经验而学习的。艺术史能够让孩子们通过结构性的叙述，了解人类作为整体所取得的艺术成就。

艺术创作、审美、艺术批评、艺术史，几个部分的有机组合才是真正完整的艺术教育，有能力驾驭、有意识驾驭和设计的教师在国内并不多，还需要父母在寻找和选择艺术教育项目的时候有意识地判断，当然更重要的是，作为父母，要提升综合的艺术素养，与孩子一起探索和成长。我们很欣喜地看到，有很多观念领先的机构和老师在尝试和打磨不同类型的艺术教育课程，对于缺少相关背景的父母来说，可以借鉴本书第四章第一节"轻松区分好的、不好的艺术教育"，了解如何给孩子选择合适的艺术教育项目。

本书很多内容都在给缺乏背景和经验的家长提供如何在家庭里开始正确的艺术教育，使之成为和孩子共同生活的一部分的建议。

没有批判思维，人与咸鱼无异

不仅是中国，整个亚洲的服从式教育都缺失批判性思维训练。2010年，耶鲁大学校长理查德·莱文（Richard Levin）在"中外大学校长论坛"上一针见血地指出："目前中国大学的本科教育缺乏两个非常重要的因素，第一个是缺乏跨学科的广度，第二个是缺少对于批判性思维的培养。绝大多数亚洲国家的学校，本科教育是一个专识教育，一般来说，学生在18岁时就选择了自己终身的职业方向，之后就不再学别的东西了。学生是被动的倾听者、接受者，他们一般不会挑战教授和彼此的观点，把注意力放在对于知识要点的掌握上，而不是去开发独立和批判性思维的能力。"当然，各国教育都有各自不同的问题，但这个针对性的批评还是很中肯的，就发生在每个人身边。

批判性思维当然不是批判那么简单

一位很喜欢我组织的艺术活动的妈妈，在听到"批判性思维"（critical thinking）这个词的时候有点纠结，殊不知，这个critical thinking的确被"批判"一词的部分中文含义给歪曲了。批判性思维的意思其实并不是"批判"，而是指一种客观评估与思考，前提当然是个人独立的判断。用不同角度客观辩证地去看待同一事物，并且提出质疑和独立的观点，同时找出足够的证据作为支撑。类似于"独立寻找真理的过程"，重要的不是"找到"真理，而在于寻找的过程和态度。

而我们的教育和不小心当了帮凶的家长，有时受限于当下的处境和背负的惯性，难免在日积月累的标准答案的教育中，导致批判性思维这个能力的缺失。

批判性思维缺失的另一个后果，就是打开手机看到的铺天盖地的网络谣言和乐于传播各种耸人听闻的标题党文章。举一个例子，关于食品污染的状况我们都非常担忧，于是今天一篇这不能吃，明天一篇那不能吃的文章在朋友圈每每以十万多的转发量疯转。我有一个研究营养的博士朋友，她说，她特别不明白，如果我们每天根据这些恐吓信息来决定饮食的话，早就什么都不能吃了。她不懂为什么一边不敢给孩子吃"被农药污染"的蔬菜，另一边却给孩子不限量地买很多糖果……根据专业妈妈的建议，多样化摄取是当下唯一最保险的做法，因为每种毒素的量都不足以带来伤害。当然这也是一道批判性思维的习题，我们可以有自己的论据（argument）。我们学到的 argument 一直是有更多争执的意思，其实不是争执，是根据自己独立的思辨独立得出观点的能力，孩子做多了卷子，需要我们帮他补一补。

被削掉的批判性思维不会因为申请到了美国名校就天然地长回来。每年有二十七万赴美留学的学生，2015年5月在全球最大的年度教育盛会 NAFSA 大会上，美国厚仁教育发布了一份《2015版留美中国学生现状白皮书》，白皮书称，约八千名本科学生或硕士学生被开除，而其中最主要的原因是学术表现差。学术表现差表现在哪里呢？基本表现就是没有自己的想法，不会写论文，"不当使用素材"，要么写的没观点，没有多角度、有逻辑的批判性思维（critical thinking），要么就是用错了，被认为是抄袭。从作文书中学会的形式上"总—分—总"在这里不好用了。对于越来越多的目标直指国外名校的同学来说，批判性思维能力是不容小觑的能力！

如果不去国外上学，有没有批判性思维都没问题？当然不是！从社会、行业、生活的方方面面，批判性思维缺失的问题都已经出现，只是大家还浑然不知而已。看一篇文章、一幅画、一个作品、一个事件,纷纷扰扰的真实世界不会提供唯一线索,不断理性客观地质疑、思考,多角度挖掘答案,这个过程不断演进,才可能成为独立的人,一个社会才可能有创造力、真正进步。关于批判性思维,最重要的是作为个体的人,你的思辨在哪里?如何突破"教育"为我们设定的既有程序、模式,甚至标准答案?不要谩骂网络暴力,不要随声附和十万加的标题,用批判性思维保持客观和开放,而不是一点就着、一言不合就翻船的咸鱼。

不要让原创小孩变盗版

如何训练批判性思维?不让原创小孩成为"盗版一代"?在现有的教育体制下可能训练"批判性思维"吗?这些问题对家长、老师虽然都是个挑战,但我认为还是可能的。而且在现有的教育体制之下,老师也需要父母们的支持。

之前和一个做出版的妈妈聊天,她介绍自己借职业的方便给老师提供了非常多的绘本等出版物,帮孩子的班级建立了一个小有规模的阅读区,而且还介绍给老师一些国外的儿童文学课的欣赏和分析方法,自己更是亲自出马,每个月给孩子们讲故事。长期接触之下,老师也总结出了一套把绘本融入语文教学的方法,并因此得到学校的鼓励。

更重要的是,这一做法,带动了老师把批判性思维的方法用在使用现有语文教材的课堂上。这个朋友给我举了一个例子,老师如何用一篇小学中年级课本中明显缺乏科学依据的课文,上好一堂语文课。《自然之道》这篇课文说的是一群和生物学家在海边探险的人,如何把小海龟"侦察兵"解救了而导致更多海龟被天敌吃掉的故事,并由此引发出人类要遵循自然之道的叹息。事实已经证明,文章的写作没有科学的研究和依据。老师首先给孩子们看了一小段关于相关内容的纪录片片段,然后再学课文，之后组织孩子们讨论：这篇文章描述的情况是真实的吗？讨论结果是大部分孩子觉得真实性比较可疑，毕竟纪录片的内容有图有真相，并且出自科学方面非常严谨的机构。我想象着孩子们课堂上热热闹闹地讨论，这不就是初步的批判性思维的启蒙吗？"我认为……因为……"大胆地亮出论据才是漂亮的argument啊！

我真的很敬佩这位妈妈和她孩子的老师，既然手头必须用的资料有点可疑，却又不得不用，那不如就把它作为素材之一，而非必须背诵、默写的真理。只要用心，那么多开放的素材可以使用，同一个主题，孩子们能够从不同角度获取信息，同时也保持对话题的兴趣，真的了解自然之道比默背"唯一答案"的课文有意义得多。

美国历史上最年轻的"国家年度教师"肖恩·麦库姆就特别主动培养孩子的批判性思维，他经常组织学生就某一话题开展小组讨论，并常常变成辩论。对于课本，他说："教师要有自己的独立判断和思考，不应只是关注课本上说了什么，更要关注这些说法背后的原因。"事实证明，在中国，这当然也是可行的。

退一万步说，如果老师基于压力或者惯性的原因，没办法接受这"额外"的工作，父母们也是可以做点什么的。一位从外企转行立志做教育的父亲，对于作文课只限于华丽辞藻的堆砌非常不满，在一次聊天当中，他分享了自己的一些实践和做法，让我的中文系同事大呼过瘾。他的方法其实从低龄的孩子就可以开始。

一个故事说的是国王给了全国的孩子每人一颗种子，看谁能种出最美的花，谁就可以接替他当国王。几个月过去了，孩子们都精心地浇水和照顾这种子，时间到了，孩子们都捧着漂亮的花去见国王，但有一个孩子却只捧着光秃秃的花盆。国王看到那么多漂亮的花并没有停留，他走向那个没有花的孩子，说他就是国王了。其他瞠目结舌的孩子不明白，国王解释道，因为种子都是已经煮过的，所以不可能开花，只有这个孩子是最诚实的。故事到这里似乎很顺利，要诚实才有好结果。但是外企爸爸话锋一转，给出另外的结局：当然，可能不止一个诚实的孩子，所以拿到种子之后的几个月，有好几个孩子带着光秃秃的花盆来了，这个时候，国王又该如何选择继承人呢？据说，在这样更多可能性的情境设计上，总是有非常脑洞大开的讨论，孩子们带来的启发要远远超出原本的设计。

艺术教育培养独立人格

汤姆·安德森（Tom Anderson）在《为生活而艺术》这本书里谈道，把美学的批判性研究运用到艺术教学当中，而这种训练可能达到最为重要的教育目标——即"使学生能够成为决定在哪里以及怎样发挥作用的'行为发起者'，而不是由他人推动的走卒"。

拥有了批判性思维能力，就是拥有了可以独立思考和平等对话的灵魂。艺术对批判性思维的提升是无与伦比的。通过艺术批评这个没有唯一答案的"学科"，通过学习艺术批评而提高青少年的批判性思维能力，是完全现实和可行的。运用艺术批评的逻辑和方法对艺术作品做出有思考、有依据、有基础、多角度的独立判断，这个过程就是对批判性思维最好的锻炼。

是时候放空所谓概念和方法，回归初心想一想——为什么要做教育？教育的意义和目的到底是什么？在我们当下的艺术教育中，过多地强调了"创作"的部分，殊不知青少年学习艺术批评，应该是艺术教育中重要的部分。而这也将奠定一个独立的人未来思想、审美的基础。前提当然是艺术老师和父母允许

独立思考和表达，允许每个人有所不同。

在育儿的过程中，也可以有意识地培养父母自身的批判性思维。我发现很多父母会下意识地问："这个课程是哪里来的？"我看到一些教育项目的介绍资料，上来就是哈佛大学、斯坦福如何如何，但看里面的项目内容，跟这大帽子本质上没什么关系。一个教育领域的投资人妈妈就很坦白地提道，一个项目之前只是普通的儿童英语培训，用不高的代价使用了一套美国的某某教材之后，业务就突飞猛进许多。得意的"换汤不换药，家长的钱真好骗"的表情很难让人接受！在以制造焦虑和压力的教育市场上，父母们的批判思维、独立思考尤其重要！

不是每个父母都要成为教育的专家，我们能够做到的，就是不用自己既有的经验来束缚孩子的发展，尽可能远地去看这个世界的未来，不对抗，亦不随波逐流，和孩子一起创造、尝试，这可能就是我们能做到的关于教育最有意义的事情。

3

妈妈，
你要守护住孩子的创造力

创造力是在越来越繁杂的世界生存所必需的能力，识别出孩子创造力的特征，才能给他们机会去发展这个能力。

艺术、审美是极好的可以更容易摆脱权威的领域，任何一个常人都可以调动最为个人的感悟而毫无负担地摒弃唯一正解。

孩子的创造力需要正确的回应以获得确认和鼓励，父母用爱扮演好自己的角色，孩子就会在创造力的世界里和你一起玩乐中成长。

权威扼杀了创造力

有创造力孩子的十个特征

从小培养创造性思维，才能应对不确定的未来

提升孩子创造力的五大策略

权威扼杀了创造力

一百五十年前的马车被无人驾驶汽车替代，一百五十年前的金属手摇电话今天已经是没有按键的触摸屏，而一百五十年前的教室却和现在没什么两样。这是一个朋友发来的视频里，律师扮演者在庭上展示证据，他质问代表学校系统的被告："你们说，是为孩子的未来做准备，还是为过去？"

创造性是智力的一种形式，在纷繁复杂、信息泛滥的当今世界，更是一种生存技能。科学家告诉我们每个人的大脑都不一样——每个养育了两个以上孩子的父母都能证明这一点。而"一视同仁"忽略了每个个体的不同，更用"绝对正确"的答案磨灭了珍贵的创造力。

被考掉的创造力

2014年是中国移动互联网极热闹的一年，教育行业也不例外，各种O2O的找家教、在线教和在线家教层出不穷；所谓的创新还是在以提分为目的。如今，小学一年级的小宝很多作业都已经是在APP里面完成，但可憎的是形式用到了所谓的科技，内容还是枯燥的内容。

在中国，考掉了创造力的样本随处可见。曾经有一个考试机器型的前同事，每次要写东西，第一反应就是上网搜，然后Ctrl+C，接着Ctrl+V，还美其名曰"总—分—总"的作文考试框架。可是一篇文章从来不见独立观点，不可悲吗？这样写出的文章很适合机器判卷，结构似乎完整，可是通篇没有灵魂，每次客户把文章打回来重写，她就痛苦不堪，到处搜集别人讲的观点。可是年纪太大，不思考成了习惯，创造力已经没办法提升了，因为自己已经根本看不出哪里出了问题。解决方案是凑成另外一篇再提交。

我在大学里教的课程,期末用论文的方式考核,收到几十份作业,请助理帮忙先看第一遍,简单归个类,结果发现至少两篇网上下载,改都不改,原样交过来的……不创造,身体上没有任何不适吗?于是把新一学年的考核改成考试,就是现场在参考书没收的情况下保证每个人写出自己的文章。

太久不发出自己的声音,没有这样的训练,思维慢慢就退化了,然后臣服于权威,以为那就是自己的声音。不自觉的退化如同温水煮青蛙,连跳一跳的能力都没有了。

所幸,一些教育的创新者做出这样的尝试:在一次参观培德书院的时候,时任总校长的留美教育学博士钱志龙先生举了一个例子,大概意思是说,在培德不着重于知识点的背诵传递,他刚刚"批评"了一个出考题的老师,没有必要去问一个历史事件在哪个年份发生的,这些"知识"网络一搜索就知道,根本没有必要去死记硬背,而**培养更为完整的历史观、人生观才是教育要做的事情。**

儿童艺术教育更要摒弃权威

和妈妈们讨论时,大家提到我们小时候的美术课教学方式,老师在上面画一笔,小孩在下面照猫画虎,而且就连这样的美术课也并不能常常保证。可见20世纪70年代是艺术教育缺失的年代,因而那时的学生对自己的审美也并不自信,到了做父母时,如何营造家庭教育氛围也无从下手。

教育遗留下来的"权威迷信"在艺术教育领域达到了新高度。宁愿相信连锁艺术机构匆匆培训过的小姑娘们胜过有经验、有爱的家长,仅仅因为我们"不懂"艺术。我们曾经组织艺术教育者给很多父母做了培训，大家热情高涨地参与学习，当我们提出希望可以把所学的内容在家庭中实践的时候，很多人却退缩了。为什么呢？我问了一个教育程度、职业素养各方面都明显优于一个普通教育机构老师的妈妈，我知道作为学霸型妈妈的她听了无数的讲座，拜见了许多专家，买了几千本中英绘本，带孩子参加了无数课程和活动。她的回答很有趣："我不懂啊！"看来"知道"和"做到"之间的鸿沟不是谁都能一下子迈过去的。

我认识的一个妈妈从上市公司财务总监的岗位离职，娃上了幼儿园之后重新出山，考虑再三，加盟了某著名投资人投资的美术教育连锁品牌。开业之后和她聊天，她说总部培训的老师非常年轻，素质很一般，也都没有做父母和做教育的经验，培训的内容主要以销售为主，基本没有教育理念，她无法认同，但已然交了加盟费，就只有硬着头皮上，还是看自己如何做出特色吧。

艺术教育的另一个误区，就是有的妈妈朋友带着孩子一定要去"专业老师"那里上课，判断的标准是老师画得如何。要知道，艺术家和艺术教育者是两个概念。关于如何甄别教育机构和老师的话题，在本书的第四章"家庭美育能做得比想象的更多"里会讲到。

合适的艺术教育就是好的，而这其中未必很早就需要权威的老师，也不需要固化的形式，比如儿童简笔画或者涂色……现在流行的减压涂色书是给大人用的，就不要给孩子玩儿了。好心的朋友送给小宝几本"儿童简笔画"书，只要描半透明的硫酸纸就可以"画"出小房子、小动物的形状。这些已经概念化的简笔画对儿童的创造力只有一个作用——"摧毁"。

凯西·玛考尔蒂（Cathy Malchiodi）在《儿童绘画与心理治疗》这本书里，提到她在中国的一段经历："作为工作的一个部分，我来到北京附近的一个小学，让一群6-7岁的儿童画画。

从发展阶段的角度来说，他们的绘画水平和美国儿童相当，但是我让他们画自由画时，却使他们感到不安。中国孩子更喜欢让我先画一画，他们来临摹。这种情况对我来说并不奇怪，因为他们认为艺术活动要接受成人的指导，这种信念来自于成人的权威。和大多数我接触过的美国儿童相比，这些中国孩子显得非常安静和专心，持久性也好。在美国的心理医生看来，中国孩子的这些特点是害羞，甚至有些退缩……"

一个孩子画画时表现出来的保守性，是在学校尊崇老师，在家里尊崇家长的权威造成的。比如，孩子会非常小心，害怕弄乱或者浪费材料，在绘画前等待成人的指导或许可，等等。我在一个妈妈群"美妈互助小组"里讨论过这个话题，孩子画画没有画满画面，妈妈情不自禁地会跟他们说："再画点，再添点颜色……"虽然并不主张浪费，但在可能的情况下，还是由"小艺术家"自己决定什么时候创作完成。所以当家长发问"为什么他不喜欢画画"或是"他在家从不画画"时，可以想想自己的哪些言行对孩子的"创作"这件事起到了压制的作用。如何在艺术创作中鼓励孩子，正确地回应和沟通在后面的章节中还会详细阐述。

审美是反抗权威的利器

我年轻的时候，有一个时期喜欢宽大松垮的衣服，帽子上还别着一个金属装饰什么的，妈妈对我常说的一句话是"以丑为美"。细想这话的表达，很精准，很有意思，大抵就是以她的丑作为我的美。大概那也是叛逆期的一个表现，而审美和艺术从来都是反抗权威的利器，比如涂鸦、摇滚乐。

在审美这件事上，给孩子空间，无论是生活的、艺术的，还是以示威为目的的，都给他们自主权！大宝喜欢留长发，头发偏偏又非常厚，的确看着有点热，可这是他的头发啊，即使带出去走在路上像无人照看的留守儿童，好像也不能暴力拖进理发店。他认为美国夏令营里的小孩还有人留得比他还长的，这个不算什么，那就留着。老师和他谈了几次："这么帅气的脸被挡住，不如还是剪了？"大宝每个周一都很为难："我答应了老师要剪头怎么办？""是你真的要剪吗？""不想。""那就想好再剪吧。"

留长发、听摇滚乐的男孩子长大之后一样会成为负责任的上进好青年，妈妈们想想自己年轻时的样子就好。对生活中其他和美、艺术相关的话题同样如此，不必迷信权威。比如孩子说不喜欢获奖大师曹文轩的书，有的妈妈惺惺相惜："得奖之后，不敢说不喜欢，可真的不喜欢啊！"我们的不喜欢不代表作品不好，不会影响大师的口碑，大概就跟吃饭一样，不好这口儿而不必强求，不喜欢辣也动摇不了川菜的地位。

在我读 MBA 的时候，还偷偷蹭过艺术史的课，老师特别好，不仅允许随意旁听，我们还一起看展览、逛美术馆。对我这种混去的学生，老师也认真对待，他跟我说，艺术其实就是个社会契约（Social Agreement），这样一个"社会合约"之下对艺术作品的价格和价值都有个评判的体系。但是，他说，每个人要有自己的独立判断。他也鼓励学生们对作品有自己的表达，我想这也就是"一件作品值多少钱，评论家怎么定论，但我依然可以保留自己的看法"的意思吧。当然美国学生有点不着调儿，有一次课上讲到《自由引导人民》，老师问大家想到了什么。画面上人物裸露胸部，竟然有孩子说想到了 nutrition（营养）。哪儿跟哪儿呀，可老师不生气，还乐呵呵的。

就像不因为是名作而盲目顶礼膜拜，不因为是美协主席的作品而绝对服从一样，对于任何审美，请听从自己的内心判断。当然优秀的艺术品看得越多，审美水准当然就提高更多，而这在我们的社会环境中尤为重要。

以绘本为例。美国、日本的优秀绘本,近年来已经被密集引进,各类绘本的推广,老师给出的书单都差不多。是不是书单上的书都要给孩子读?孩子不看就是有问题?我看未必。阅读毕竟还是要看孩子的兴趣,阅读的情趣也是很个人化的,孩子再小,也知道哪些不喜欢,哪些百看不厌。我家书橱的空间逐渐被塞满,现在再挑书就希望是有特色并且有收藏价值的,是孩子长大了,我还舍不得送人,可留着看到一百岁的那种。

审美的很多事情,无关权威,只关乎我们和美相遇的每个瞬间。一次雨后坐车,外形粗犷的司机行驶中发现彩虹不禁惊呼"好美",吵醒了正在打盹的我,看到美好是我们生活中的小确幸,相信自己,用心去感受就好,对美和艺术的欣赏更是如此。说到底,**审美给我们建造了一个属于我们自己,无人打扰的空间,从生活、从艺术、从自然中源源不断地获得滋养。**

有创造力孩子的十个特征

如何识别、激发、培养孩子的创造力,需要我们学一点方法,随时复盘——是否有更好的回应方式,用艺术和他一起在生活、在游戏中发展创造力。

识别有创造力孩子的十个特点

我们相信孩子天生是有创造力的,但是作为人类能力的体现,创造性有时会令人困惑甚至有争议,毕竟没有一个指标能够精确地显示,你的创造力是89分或者多少。父母和教育者能够识别出儿童的创造力特征,是推动创造力发展的基础,孩子是捣蛋鬼还是脑洞大开的创造之星,就在你的一念之间。

在《儿童早期艺术创造性教育》一书中,作者提到了有创造力孩子拥有的十个特征,逐一对照孩子,符合几条?研究表明,这些特质会在儿童早期发展过程中体现出来,希望没有因为错误的引导而磨灭掉。

(1)好奇心和对世界不断增加的认识

好奇心是所有的孩子都有的特点,他们不断探索新奇的事物,世界对他们来说就是一个大游乐场。有的家长问,为什么买的玩具不玩儿,却丢在一边,总是玩儿什么瓶盖呀、家里的小物件什么的?对儿童早期而言,世界上的每件事物都是他们探索的领域,一件东西要探索透了,自然就厌烦了。每个孩子都像个科学家一样,有强大的驱动力去不断认识世界。

(2)开放的内心感觉和情绪

很多长辈带孩子特别受不得孩子哭,我在电梯里见到一个不到两岁的小女孩一边小声抽泣一边说脚疼,当然应该不是很严重的那种。奶奶或姥姥非常不安,她说,别哭别哭,哭不是好孩子。这种"安慰"在很多时候都能看到,先不说孩子是否有这样的特质,对于孩子情绪的"否定",会让孩子一点点掩盖掉真实的自己,逐渐找不到内心的感觉。

(3)好奇的、探索的、爱冒险的精神

进入了一个新的环境,愿意去探索和发现,尝试新的事物,甚至体现在生活的方方面面。

(4)想象力,形成目前没有实际感觉到的思想形象,或拥有通过组合以前没有联系的想法去创造新的形象的动力

创造力不是凭空而来的天马行空,而是基于已有的认知,通过某种连接形成新的想法,比如喜欢问:如果遇见不同时空里的人物,他们会怎么样?

(5)知觉的思考,不以逻辑的推理解决问题

不按照成年人的"逻辑"来推理和回答问题,用直觉去感受,常有惊人之语,类似脑洞大开的感觉。

(6)不依赖已有的观点,情愿自己查明真相,也不按权威的观点去接受

不盲目接受权威和"这就是对的"唯一观点,通过提问或能够掌握的渠道去努力找到新的观点。

(7)亲自参与工作,完全专注于富有意义的行为活动中

有专注力,对于有意义的活动全情投入,常常出现"心流"状态。对于早期儿童"有意义"的工作和活动,成年人千万不要过多地干扰,因为这正是孩子形成专注力的最好时机,这个专注的能力不仅对传统认知层面的学习有益,更是创造力发展的基础。

(8)发散性思考,寻求变化和新颖的解决方式,提出几种可能,而不只是寻找一个正确答案

发散性思考是创造力的"前身",如果说创造力要解决问题,那么发散性思考的能力和习惯则是不断探索问题的边界,寻找解决方案的可能性。

(9)预先创造,不考虑事情被假定或常规的表示

不被束缚地思考,当然这个和孩子发展阶段相关,如果一个小女孩喜欢玩儿妈妈的化妆品,用口红来画画,这不是她在捣蛋,而是在探寻事物的可能性。殊不知有多少这样的探索被干扰和打断了。

(10)爱与思想做游戏,思维上乐于摆弄某种想法的可能性及复杂性

很多时候,孩子会突然说一句相当有哲理的话,那是他们在和自己的思想游戏之后的阶段性"结论",比如如何解决旅行的时候想玩儿家里的玩具?如果他们给出各种"不靠谱"的方法,根本不需要否定他,他们自己会有判断,只是在这个过程之中探究各种可能性,随着年龄的增长,他们的想法日趋复杂。

用正确的回应确认孩子的创造力

如果已经能够识别出孩子创造力爆棚的节点,正确的回应就能够确认和鼓励孩子更进一步地挖掘和开发自己的创造力。当然不是说鼓励孩子完全没有规则地大闹天宫,在自己不受伤,别人不受伤,东西不受伤的"三不受伤"原则之下,不妨和孩子一起疯一疯,撒撒野。

孩子天生喜欢有创造力的玩法和玩具,很多家长会疑惑:为什么孩子对光电玩具的兴趣不会持续很长?因为不需要他创造什么,就像有朋友坦言:买的很多玩具是爸爸想玩儿而不是孩子喜欢。我熟悉的一个国际幼儿园园长说,孩子喜欢的很多东西我们成人都不太能发现乐趣在哪里,比如泥巴、沙子,可他们就

是能兴致勃勃地玩儿上大半天。这和艺术教育里对材料的描述很类似，开放式的材料，没有一定之规的玩法，尽情可以发挥的泥巴、沙子，孩子喜欢的是我们看不到的可以创造的空间。把一堆普通的沙子建造成城堡和想象出来的巨人，不是比用遥控器远远控制一辆闪闪发光的汽车更有玩儿头吗？爱他就不要买光电玩具给他！

孩子都是天生的导演，随时参与孩子的故事场景，扮演好自己的角色，你能做到吗？除了父母，孩子喜欢的大人都是会"演戏"的。年龄小一点的孩子还不能够区分真实和想象世界的区隔（很多时候，大人何尝不是如此），我们看到的是一堆沙发上的垫子，在孩子眼中就是通往魔幻世界的石阶，门后的扫帚骑上去就能飞。我家的两个娃最喜欢的就是用沙发、椅子、垫子、被子搭房子，危房搭起来，就很开心地挤在里面，外面暴雨狂风，他们也不怕了。听过基于游戏的一些家长讲座，比如孩子不洗澡怎么办？那就用和小鸭子比游泳啊、大怪兽抓住小朋友之类的方式来把孩子带进浴室，放进浴盆。其实这就是稍微地进入儿童的世界，并且临时扮演了一点点导演角色，当然孩子们的配合度比大人高多了——配合你一下又有何妨？

在回应孩子们的一些天马行空的想法的时候，我发现有些家长太"认真"了，往往当我们还在认真搜索正确答案的时候，孩子们已经转移到下一个议题上。这不是孩子不求甚解的表现，这是他在"把玩和练习"自己的思想并与之对话。每个孩子处理信息的方式天然就有所不同，我常常和朋友开玩笑，我家老大天马行空的跳跃思维就是水瓶座的特征，弟弟凡事要想清楚，努力把他所能理解的事物用他的逻辑联系起来，貌似就是处女座的思路。趋势是他们的想法会越来越复杂，我们的回应也应该是开放式的，在给"正确答案"之前，不妨先问一句："你觉得呢？"

在工作当中，我们会遇到不同类型的人，思考和处理资讯的方式都不一样，但有创造力并敢于提出大胆想法的人一定是非常自信的。让孩子揣着创造力和自信去行走世界，我们就要用正确的方式来回应他们生命早期阶段的创造力萌芽。

艺术是激发创造力最好的方法

要厘清一个观念，就是培养创造力不是一件高大上、不得了的事情，不是非要去参加昂贵的夏令营、参观硅谷、逛逛斯坦福不可，课堂里的互动白板和iPad也只是新的学习方式而已。因为无论怎样的教育颠覆，只有孩子才是教育的中心。

儿童天生具备的创造力，通过经常进行的高品质艺术实践，可以在成年后依然保持鲜活。艺术教育对创造力是一种有意识的培养（再次重申，不是老师示范一种画法，孩子跟着一笔笔学的艺术教育），因为艺术中往往不存在明确的"正确"答案，这一点正是艺术追求的价值所在，也是创意源源不断产生的思维基础。

艺术在于能够培养完整的人，在发展直觉、推理、想象、技巧以及表达和交流的独特形式和过程中。这种过程不但需要灵活的大脑，而且要求思维训练有素。艺术教育还有助于激发儿童的多种感知和思维方式。

创造力不仅是感觉的过程，更是一个思维的过程。一个典型的创造性过程，和艺术的创作过程是高度一致的。根据创造性经典理论，创造性过程的四个阶段分别是：准备/头脑风暴（获取信息）—沉思（信息内部加工）—启迪/启发灵感（得出解决办法）—验证/交流（评估解决办法）。

可以用一个具体例子来解释这个过程，我家"曲不离口"、天天画画、做手工的小宝的万圣节糖袋案例：

◆和朋友一起去郊外看到树叶枯黄，吃了一个糖果没解馋，妈妈不让再吃，这些信息联系在一起（获取信息）。

◆怎么办呢？天气凉了，回想到去年的万圣节"不给糖果就捣蛋"游戏（信息加工）；那么我提前做个不请吃就捣蛋（trick or treat）口袋，到时候就可以多讨些糖吃，我需要工具。

◆这个夹子（以及各种材料）都可以用得上，然后动手（得出解决办法）。

◆作品秀，妈妈、哥哥看看怎么样？这下可以装很多糖果了吧？能否帮我粘得更牢固些？（验证交流）

要相信，儿童有能力构建自己对世界的理解，会用原创和发明的方式来表达自己的想法。而我们要做的就是给他们材料、工具和丰富的信息刺激。《美国艺术教育国家标准》中规定，在小学和中学阶段，15%的教学时间可用于正规的艺术学习。到高中阶段，艺术也是必修课而非选修课。在充满令人困惑的信息世界里，艺术教育还有助于年轻人探索、理解、接受和运用模糊性和主观性的事物。我们看到，中国对于艺术教育的重视已经在政策层面重视起来，但还需要假以时日和更新理念，孩子们才可能真正受益。

在越来越技术化、综合化和多元化的社会里，艺术教育或许是最好的可能加强和保护人的个性及自尊的手段。提高自我认知和内在驱动才可能生发出更多的创造力。

从小培养创造性思维，才能应对不确定的未来

今天，孩子们面对的是一个越来越复杂的世界，他们比父辈更为迫切地需要发展创造力，去解决更为复杂、难以预料的问题和挑战。无论社会问题还是商业问题，我们都看到了创新的力量，也越来越证明这其实是一个创造力驱动的世界。

改变指的是一种快速的变化。一种更为激进的变化被称为流变，它是一股充满破坏与新生的力量。流变即推翻既有事物，为更多创新的诞生提供温床。这种动态或许会被看作"复合再生"，它源于混乱的边缘。

对于生态学家来说，流变的概念并不陌生，对于每一个现代社会人来说，从不同角度的体会，都有时间被一只无形的手拨快的感觉，变化的周期越来越短，新鲜的、颠覆的事物不断出现。每每和70后、80后的朋友聊天，提到90后和自己这一代的不同，有吐槽，有不解，但结论是，他们或许是对的。因为对于变化，对于新的趋势甚至话语体系，他们有更敏感的神经和触角。那么00后、10后成年后的精神面貌和面对的环境又是怎样？这和《三体》当中，人类担忧四百年后出现的三体舰队，做了一拨又一拨的准备却总有意料之外的情况发生很类似。即便我们不去考虑那么久远，三四十年后的世界谁又能准确预料？但我们的孩子就生活在那个未知的时代。

这些快速的变化，这些颠覆，是父母无法为孩子提前预料到并做好准备的。在所有领域的创新中，似乎教育行业又是最缺乏变革精神和最保守的。如果世界处于"永恒的失衡状态"，我们身为父母，该帮孩子做些什么？

保有对孩子的信念

可能有的父母不认同这一观点,我们这么爱他,又怎么可能对他们没有信念呢?我们的爱是毋庸置疑的,但我们的行为很多时候是建立在对他们没有信念的基础上的,如果可能,有一个镜头随时录下我们的行为,那么在回放的时候,很多父母(当然包括我)是无地自容的。比如我们是不是认为早期儿童是"白纸",而青春期又成为"危机"?

上一辈在更为艰苦的条件下养育了我们,他们面临的更多的是物质匮乏方面的挑战,益处是疲于为生活奔波也给了孩子更大的空间,比如自由玩耍以及在自然中的陶冶等。作为70后、80后以及新晋的90后父母们,我们在育儿中接触到了更多角度的理念、研究、学说、方式,处于各种观念的交锋之下,如何平衡并实践在自己的养育中,最根本的是保有对孩子的信念。一旦这个角度做出改变,所有的行为都将随之改变。

这个信念就是让孩子感知到每个个体存在的唯一,点燃他们的使命感,每个人在参与社会的程度之巨大,超乎大多数人的想象。人与世界是有机联系的,内在生命塑造了环境,而其本身又深受环境的影响。这个信念就是让孩子相信"你很重要",不仅对于家人,更是对于整个世界。内心强大,拥有信念的孩子才可能有信心去打破平衡,去创造。

自由、多元地探索

多元智能理论在中国的影响力非常大,尤其是多彩光谱框架,被很多教育机构,尤其是幼儿园和早教机构"应用"在教育项目中。多元智能理论也被应用到儿童的潜能识别,比如各种测评,各种电脑或者人工的评分,家长可以喜滋滋地收获"孩子在某方面有特长，所以适合某种职业"的建议报告。举这个例子是想说明，这是典型的急功近利的短视做法，加德纳教授也曾经表示对这些应用的无法理解。每个人都是一个独一无二的潜能的组合，在不同的智能领域有各自的强项。多彩光谱项目给很多在学校里难以辨认出的天赋提供了机会，一些对传统学校功课感到困难的儿童，很可能在机械活动中有大大超越平均水平的表现。但这个概念用到"素质教育"上，只是提供了理论基础，却并没有真正改变学校教育。甚至出现了用APP测试一下多元智能，然后卖给你一个冬令营、夏令营的奇怪模式。

作为家长应该是最了解孩子的人，但也需要在儿童早期给他们机会，更多地探索，在不同的领域，为儿童持续不断地提供大量丰富而且具有启发性的材料参与和接触不同的主题和活动。不必过早地将儿童"分流"，就如同在真实的世界里，综合的能力，多样化的经历（不是强迫的）会激发孩子创造性地解决问题的潜能。

允许并鼓励试错

继续用加德纳教授的案例，虽然直到今天类似的场景还在我们身边经常出现。

加德纳教授和他的太太带着从中国台湾领养的孩子本杰明在中国大陆做中美艺术教育的研究，一件事情让他们印象非常深刻，这就是中国成年人对待儿童的态度，尤其是对待创造教育的态度。

那是1987年的春天，加德纳和夫人下榻在南京的金陵饭店，一岁半的本杰明对于把大大的钥匙连着的塑料牌通过插孔放进特定位置的环节非常感兴趣，他喜欢这个钥匙与门撞击的声音，也喜欢一次次地做出尝试。这对这么小的儿童来说有一点挑战，要失败几次才能够成功。加德纳总是给本杰明足够的时间来尝试这个"游戏"，因为他获得了极大的快乐。但加德纳发现服务员和路过的人总是忍不住"帮忙",手把手纠正本杰明插好钥匙,这让加德纳和太太很尴尬。

加德纳从这个偶然事件意识到和他的研究相关的部分,中国儿童成长中受到大量类似的干预,手把手教会孩子做一件事,他就失去了领会完成任务方法的机会,他必须学会自己思考、自己解决遇到的问题,才可能逐步获得发现创造性答案的能力。近三十年过去了,我们是否给了今天孩子更多试错的机会?下一个三十年,他们将成为这个社会的中流砥柱,我们能否仰仗他们的能力安享晚年?

找到内在动机

心理学家怀特说:"在发展能力中,比起只通过满足基本生理需求进行奖励,任何动物都更多地受到好奇心和兴趣的驱使。"我们看到的外在现象,比如富二代们在海外的飙车废学,比如社会上各种巨婴、妈宝,这些人即便成了学霸,成了"精英",依然人格不完整,为了奖励,为了妈妈的认同和外界奖励而做一些事情,内心缺乏安全感,也无法真正独立做出选择和决定。

一个同事说自己精于教育的表姐,每天给做家务的孩子两元钱鼓励,他觉得是个很好的方法。来自心理学的研究表明,如果把孩子帮忙的动力转移到奖励驱动的话,他的胃口只会越来越大,而且忽略了为家人服务、合作的部分,是离内在驱动越来越远的方法。

找到内在动机,成为自我决定者并且为自己的决定负责,主动地、创造性地应对未来可能出现的任何挑战。

面对不确定的未来,这个创造力驱动的世界,从小培养创造性思维,不仅对于孩子未来职业的成功是必需的,更是获得幸福和掌握人生主动权的唯一砝码。

提升孩子创造力的五大策略

有时候我们不得不承认,一些有创造力的儿童,未必是有规矩和让人喜欢的,被广泛接受的"乖巧",甚至可能是背道而驰的。比如非洲裔的美国小孩有一些特点——不能忍受乏味,对新的设计、音乐和观点感到兴奋和投入,在想象、幽默、象征及劝说上有丰富的语言,有很高的发散思维能力,等等。但是在我看到的一个调查里面,一些老师把这些特点当作是无礼行为。

坦白地说,如果我们身边有这样的孩子,你会怎样看待他们呢?就像我家大宝,会在这一刻玩儿得翻了天,下一秒就说"好无聊啊"。可以认为他做事没长性、不坚持,还是因为他的创造力需要更有趣的内容和丰富的信息?最初的时候,我认为是自己的问题,没有准备好更多的娱乐,但后来我发现他这一类的儿童不喜欢太结构化的活动,他希望能够自己参与到更早一步的设计当中,如此就会更多地承担起用创造力娱乐自己和同伴的工作,更可以主动地把散乱的游戏材料整理归位。比如写到这一段的前一天晚上,他和另一个邻居小朋友每人带领一支"虚拟小分队"在客厅丛林探险,忙得不亦乐乎。

很多事情明白过来真的已经有点晚了,比如在大宝小的时候,我为了保持整洁,阻止了很多这种自发的创造性游戏。我想,有爱的家庭就是尽可能给儿童机会,在有支持的情况下,让他们创造和表达自己,用艺术和游戏把家变成儿童创造力的孵化器。

创造力是有发展周期的,不同年龄段的孩子艺术方面的创造力非常不同。根据莱特福(Lightfoot)的研究,开发儿童创造力的最佳时间是在一岁半至四岁之间。在美国国家艺术教育协会《从理论到实践》的春季刊上,有这样一篇关于儿童创造力的论文《创造力和懵懂的心灵：创造过程的头脑机制》(Creativity and the Murky Mind, Mental Mechanics of the Creative Process)，作者威廉·莱特（William Wright）是一个视觉设计指导，有很多年艺术教育的经验，做了大量文献研究，研读了和创造力相关的论文之后，他提出**几个提升创造力的策略**，我觉得这几个原则在家庭环境中也非常适用，现在写出来给父母做参考。

日常环境

我们必须考虑孩子的个人兴趣习惯是否有助于推动灵活思考：环境如何布置，材料如何摆放，如何展示他的工作，背景音乐是怎样，墙上的视觉元素，等等。

有个移民北美的妈妈常常感慨，好像学校走廊的墙上没有一点儿空间是"闲着"的，各种画展，各种主题内容。其实这样的布置是有背后的思考以及标准的。丰富的材料探索以及表达，各种视觉元素的呼应是儿童早期创造力发展需要的环境。至于在家庭当中怎么做，这个话题可以具体参考本书第六章"和孩子一起发现生活之'美'"的《为孩子设计一间"画室"》一文。

兴趣当道

哈佛大学的研究人员布林（Breen）说："我的三十年的研究以及超过一万两千篇研究论文显示，当人做着自己热爱的事的时候，他们会允许自己深度沉浸其中，当工作本身的价值被认可，创造力会爆发。"这个描述和心理学中的"心流"状态非常相似，深入地、高品质地沉浸在某个主题或活动中，更多的细致的观察、思考，孩子的幸福感也有提升。有时候对父母来说，按时做一些常规的事情可能更重要，比如吃饭、睡觉不得不打断，但还有一些时候因为成人不断提问："宝宝看这个，宝宝吃这个……"

打断了孩子的深度探索，也扰乱了注意力与创造力形成阶段的宝贵探索。

不如放手，在儿童早期的时候让兴趣去引导他们。我曾经约新加坡的好朋友、华人妈妈小丹写过一篇文章，她写了至少三个月的时间里，自己的双胞胎儿子弟弟如何为埃及主题着迷，从学校到老师到邻居朋友，大家一起支持他这一路的探索，给他指引、送他不同的书、绘画手工上的支持……这就是一个小男孩的学习方式，在这个过程中，他也通过自己的创作把自己的"学习"体现出来，成为一个埃及小专家。

允许失败

父母应该走出舒适区，允许孩子的失败。如果孩子们不承担任何风险，他们就不会发展新的思维模式。这包括在日常生活中鼓励他们自己解决问题，或自主独立地参与家庭事务。

不犯错误就不会成长，在管理学中也有句话："把事情交给别人，然后看着做砸了，这就是管理。"亲力亲为习惯了，孩子做事我们一定是不放心的，系鞋带、洗碗，他们做得当然没有大人好。为什么有的孩子家长在与不在是不同的，因为你是他们的依靠，你在，当然要依赖你。而这种依赖对创造性的培养是很大的阻碍。因为创造力不仅仅是脑袋天马行空地想象，创造力是为解决问题而存在的，否则就只是一些想法而已，创造力是一种能力，用创造性的方法找到问题的解决办法并动手尝试实施。

鼓励合作

不给孩子设置太多限制，每个人都用自己特别的方式去完成一个开放的项目。能够倾听并且看到他人想法的价值，同样也是创造力的一部分。创造机会让孩子和不同年龄、背景的群体接触，能够让孩子了解其他人的思维和行为方式，比如参加亲子活动或志愿者活动等。

在我这些年组织的各种家庭美育实验活动当中，合作能力是一个非常重要的培养内容。在一些艺术项目上，除了孩子个体的创作，我们还专门设计了一些合作项目。要知道，即便是艺术家，也有大量的合作项目进行和交流。在一些亲子活动中，我们更是有目的地做了"易子而教"的环节，也就是让孩子在安全的氛围和环境下接触其他成人。最大的发现是，一旦父母和别的孩子在一起，就会成为更好的父母啦！我想这和界限感以及与之带来的尊重也是有关的。剑桥大学的一项研究Community of Practice，我们翻译成学习共同体，是我们一直希望在父母和孩子当中营造的，也就是合作的基础是有一个共同信任的"社区"，这个社区当中，人与人有着共同的目标（活动的主题和项目），信息自由流动（每个人都能够提出自己的想法，并在他人的想法上叠加），共同解决问题。在2016年我组织的创感艺术夏令营上，我们就通过一个建造树屋的集体项目来贯穿始终，培养合作能力和创造力。

注重早期学习经验

婴幼儿期，我们体验的学习方式越多，在之后的人生中越容易打通创造性的思维模式。据尼斯贝特（Nisbett）的研究，有证据表明，文化环境对大脑形成神经连接或思维模式有重大影响，而大脑中思维形成的模式则关系到个体是否有发展创造性思维的能力。

看到为什么说应试教育对创造力极具破坏了吗？为什么成绩很好的留学生在课堂上不会参与讨论？专注在学前及低年级

的儿童美和艺术的教育,就是希望在儿童早期的时候能够尽可能带给他们更多样化的、开放的学习环境和氛围,这样的积淀看似在"玩儿",其实是充分地接受了外界的"刺激"。

多样化的体验和积累是父母能带给孩子的最珍贵的创造力之源。而正确的艺术教育,会让孩子感受到创造力的能量,并大大增强对自己的信心。

4 / 家庭美育
能做的比想象更多

　　稍微改变思维定式就能够识别什么是适合孩子的艺术教育，家庭美育就是要和孩子一起发现生活的美好。

　　区分艺术家和艺术教育者两个身份，仅有技术但不懂儿童的艺术教育者是不合格甚至有伤害的。

　　兴趣比技能重要，学会家庭艺术启蒙就是玩儿和聊这么简单，零基础父母都可以做得到，不必全部外包。

轻松区分好的、不好的艺术教育

中国的儿童艺术教育在干啥

艺术启蒙就是一起玩儿和聊

其实不是为了培养艺术家

轻松区分好的、不好的艺术教育

某个家长群里,一个开美术课的绘本馆老师发出一张"好有创意"的大鱼吃小鱼的创作,四个孩子的画在一张图里,每个孩子的构图都一模一样,包括大鱼在画面的位置和面积,小鱼的方向,甚至大鱼的牙齿的形状和大概的数量……其实让孩子画出这样的简笔画(网上搜一下,大多是这样的简笔画、叫作所谓的创意美术)并不难,老师的示范,小朋友的模仿,再加上一点老师的点拨甚至动手修正,很容易有这样的"成果"出现。这是一个"概念化"的美术教育,牺牲的是孩子的思考和创造。

当然这里也不能把"罪过"全部怪到教育机构和老师,功利性的教育不只在一个领域,家长有需求,作为供应方,当然要满足这需求。其实稍微改变思维定式,就能够清晰地辨别出合格的艺术教育。

多点耐心,让功利性远离艺术教育

有一次遇到一个邻居,拿着一张小区附近儿童美术班的招生简章,印刷着很多典型的"儿童画",正计划带孩子去试听。我就好为人师地和她讲了一下该如何判断这个儿童美术班的品质,最重要的就是不要出现"千人一面"的创作。

当拿到一幅很"完美"的作品的时候,你有没有想过其他孩子都给父母交出了一份同样"完美"的作品。对结果"绝对正确"的追求,牺牲的是孩子的创造和想象,当然某种程度上也是因为家长对结果的要求,就像付了钱买了服务,一小时的课程总要看到买到了什么。所以很容易地,让家长看到成果就成了一个教学目标。

我曾经在一次亲身参与的美术课里，经历了这种"功利性"艺术教育需求的猛烈。

大宝6岁的时候我带他参加自然教育冬令营活动，去广西保护野生白头叶猴。我之前创办的咨询机构参与了组织，课程设计非常丰富，家长深度参与。有位同为家长志愿者的中央美院老师给孩子们上了一堂美术课，他由衷地告诉孩子们："中央美院的大孩子们我可以教画画，但你们这些小朋友我是教不了的，因为大家都是天生的艺术家和创造家……"他分享了很多关于如何观察自然的方法，不同颜料和画笔的特点，继而鼓励每个小朋友仔细观察、自由创作……

在我看来，这是一场还不错的艺术课，尤其是当时我们就置身于大自然当中，身后有水牛，眼前是青山，空气潮湿清新，鸭子、小狗随意散步……至于孩子们的作品，就和所有自由创作的美术课成果一样，五花八门，童趣盎然……

让我耿耿于怀一定写点什么的，反倒是来自其他家长的反馈："老师教得太少了。""没有针对性的指导，什么都没说，什么都没学到啊……"似乎在一些家长看来，要规规矩矩地知道"三步五步画出一头水牛"这样的课程才是课程，才是"学到"了东西。儿童成长的阶段不同，肌肉群的发展和技法的掌握不同，**但是观察永远是最核心的艺术创作的命门**，这位家长志愿者讲的就是最核心的干货，大家不识货，让人揪心啊！

艺术与技巧和考试无关，对人的完整成长、思维的发展有深远影响。

为什么那么焦急地要证明学习的"投资回报"？在美和艺术的教育，尤其是美术的教育中不要出现"考级"。已有的所谓考级标准，对孩子的创造力是一种极大破坏。

前面提到，有研究表明，1~4岁的儿童创造力更为活跃，心理学家霍华德·加德纳认为:"在某种意义上,5岁左右幼童的心智代表了他创造力的高度。因此,教育者面临的挑战就是要保持幼儿心智的活泼和感受力的敏锐。"想象一下,一个学龄前后的孩子正是创造力发展最旺盛的时候,要他一遍遍对照着"范画",是在扼杀孩子。这些应试的单一的外在的标准对孩子的成长是个非常负面的干扰。多一点"耐心",**让功利性远离艺术教育**,是艺术教育者和家长应该先达成的共识,而这也是能够区分好的、不好的艺术教育的基础。

艺术教育是发散性思维的基础

儿童绘画是一种表达的手段,与所有其他能力的发展一样,有自己的客观规律,好的艺术教育者并不应该"教"给孩子技巧,而应该是好的激发者,根据孩子的发展阶段,激发他用自己的艺术语言来表达。前面提到的家长老师就惟妙惟肖地告诉大家,他是如何观察水牛的,这也会潜移默化地引导孩子的观察方法。

我曾亲耳听到一个很腼腆的三年级男生的家长非常后悔在孩子3岁的时候就送到了美术兴趣班,孩子对美术反而丧失了热爱,创造力也没有提高,她反思应该好好地保护孩子,小时候免受美术培训的影响。

艺术教育最大的价值并不是学会画画(这已经成为"功利性"艺术教育的主要目的),**艺术教育的根本目的在于提高儿童的发散性思维**。儿童早期在学校的学习,很多人都只注重培养集中性思维,专注那种只知道唯一正确的解决办法,比如计算和拼音及书写。通过艺术教育,能够帮助孩子们学会直觉地、合理地思考,让发散性思维得到发展。

"分数""考试"为核心的异化教育体系,催生了"美术考级"这种中国式怪胎。**艺术教育最大的价值在于培养孩子的直觉和**

发散思维，很多时候，重大决定的制定不仅仅是基于数据、理性分析，更多的是直觉取胜，也就是我们常常说的"听从心的方向"，艺术教育帮助我们增强直觉的能量。

目前我目光所及的艺术教育市场，艺术创造的部分已经非常之丰富，但在审美、艺术批评、艺术史这几个领域还比较匮乏，毕竟这些不仅仅是家庭和艺术教育机构就可以解决的，需要整个社会审美和艺术水准的提升，而这些和整体文化水准的提升、经济的发展平衡又都紧密关联。

"全世界孩子的艺术发展进程都是从涂鸦、不规则运动到控制性的运动，再到给涂鸦命名……"芭芭拉·荷伯豪斯在《儿童早期艺术教育·创造性思维》一书当中强调了这一点。艺术教育绝不应该把所有孩子生命中的一个自发活动变成另一个千篇一律的模式。

艺术教育，就是要鼓励儿童的发散性思维和独特的艺术表达。给孩子一个良好的艺术环境，比上艺术技巧课更有价值。所以**从爸爸妈妈自己做起，培养艺术欣赏的眼光，把艺术带回家，和孩子一起享受和创作艺术，这才是艺术教育的王道。**

曾经路过商场的培训班，在门口玩儿手机的家长是一道常见的且沉重的景观。在孩子小的时候，我曾经考察过这种"早教"机构，冬天抱着厚厚的棉衣在人群里无聊等待实在是和教育无关的行为，这些低龄孩子需要的哪里是这样的活动？宁愿铺上大纸，手脚抹上颜料，在家里撒欢打滚！

付费送孩子进入一个教室，自己用无聊的方式度过这段时光，然后期待可以在一门之隔的另一边培养出一个艺术的孩子……事情真的不应该是这样的。和爸爸妈妈度过愉快的时光，试探一种颜料的使用，互相画个大花脸，真的需要很多技巧吗？在后面的章节里，我将详细介绍家长进行家庭美育的心理、环境及实践准备。

走出艺术教育的误区 —— 向谄媚大人的儿童画说不

我们习惯性地把"课"当成学习的主要方式，于是当发现孩子或多或少还有点艺术天分的时候会想做点什么，比如送去上儿童美术课。画画、做手工，幼儿园和学校都在做，看上去大同小异，但艺术和非艺术之间的区隔还是需要学会区分。

能够正确回答以下四个问题，就能走出艺术教育的误区，因为有些我们司空见惯的儿童课程和活动其实和艺术关系不大！

◆问题1：儿童的反应能预知吗？

如果回答是可以，那就不是艺术！

老师把图片分给孩子，让他们涂色、描红，模仿或者把标好的图案剪下来，不管这些活动设计得有多好，都不太能称之为艺术，只能说是一种按照要求进行的练习！

这也是我不遗余力地抨击儿童涂色书的原因。这种机械的活动，成人用来"减压"就好了，不要用来压抑儿童的创造力！再比如一些连锁的艺术教育机构，基本上已经在用类似"中央厨房"的手工半成品来上艺术课，这种完全固定结构的课程不利于儿童的创造力发展。

◆问题2：两个孩子的作品看起来一模一样吗？

如果答案是肯定的，那也不能称为艺术！

一年间看到好多回儿童画展，如果看不到独创或意想不到的作品，那这些都不是真正的儿童作品，也不能称为艺术。一个画家朋友帮某个儿童画比赛做评委，在她的工作室看到一沓沓的作品，真的是倒胃口！95%都是那种谄媚大人的"儿童画"风格！

◆问题3：活动为谁而组织？

如果只是为了家长而让孩子繁忙，那就不是艺术！

比如一个老师为了使展览更有观赏性，而让孩子一直做剪贴画或其他准备工作，这就会在无形中伤害到儿童对艺术创作的兴趣和自信心。当然也因为家长的推波助澜，很多机构和老师醉心于"汇报型"的活动，而非关注儿童艺术体验的过程。

◆ 问题4：儿童在自身发展水平的基础上努力创造过新造型吗？

如果儿童总是被鞭策着，那这也不是艺术！

一个成人抓着孩子的手，强迫他画简笔画，这不是在"教"孩子！很多孩子其实是非常反感的，尤其是孩子还处于"涂鸦期"的时候。涂鸦对他来说，就是有趣和适宜的活动，如果成年人以自己的意志强迫改变，那肯定不能称为艺术。别说儿童了，我在画画的时候，如果有艺术背景的权威拿走我的工具，说："来，我来画几笔。"那真的是很煞风景的。或许这些"权威"是出自好意，但他们不明白"我"的这幅作品并不需要别人标准的"完美"。

教育者学会尊重是第一步。不要为了"成果"忽略了过程，孩子才是艺术教育的主体。

中国的儿童艺术教育在干啥

2015年,21世纪教育研究院联合搜狐教育组织了一个"家长对艺术教育的认识与行动"的研究。调查显示,家长普遍认为艺术的好奇心和欣赏能力对孩子来说比具有艺术创作的欲望重要。研究也表明,父母学历的高低直接影响了他们对孩子艺术欣赏能力的重视程度。

家长看重孩子的"好奇心与欣赏能力"

调查结果显示,96.41%的家长认为艺术修养对孩子来说是重要的。超过半数的家长认为孩子具有艺术的好奇心和学习的兴趣最重要(52.32%),其次为对艺术作品的欣赏能力(32.65%)。认为具有艺术方面的专业知识或能力最重要的仅占8.31%,认为艺术创作的欲望最重要的仅占3.13%。

有接近四分之一的家长坦言,在实际生活中"不太注重孩子艺术修养方面的培养"(23.44%),这一比例远高于认为"艺术修养对孩子不重要"的家长(3.59%),可以判断,大约20%的家长虽然认可艺术修养的重要性,但是在实际生活中并不注重。

我们在前面提到的艺术教育不仅是创作,更是审美、艺术批评、艺术史的综合能力,即除了技巧还要有欣赏艺术的素养。能够提供这部分支持的机构和项目,即便有,也远远没有形成规模。另外,素养的部分是更加看不见、摸不到的,不像技巧的学习,可以非常明显地看到变化,或者可以通过考级等方式来向家长证明。

家长如何培养孩子的艺术修养?调查显示,家长选择的手段组合是:生活中引导+送孩子去培训班。

76.6%对孩子艺术修养有不同程度重视的家长采取过哪些行动？近半数受访者表示，其"注重在生活中引导孩子发现艺术"（47.05%），"送孩子去艺术类培训班"的家长占42.79%。此外，"经常带孩子参观艺术展览、看演出"的家长占20.02%，有4.08%家长亲自上阵，"教孩子音乐、美术、舞蹈等"。可见，送孩子去培训班仍然是家长的重要选择之一，另外还有极少数家长可以亲自对孩子进行专业指导。

公共教育尚未承担公共责任

卢浮宫的教育部门负责人雷瑟女士在和中国艺术教育者的交流中提道，教育是美术馆、博物馆非常重要的一个职能。每年卢浮宫有大量的项目是针对儿童和青年人的，还有更多的和社区及学校甚至养老院的合作，把高品质的艺术带到不同的群体当中。

来自新浪亲子的一组数据显示，在中国，幼儿园、小学、中学的孩子有在美术馆欣赏艺术作品经历的人数比例仅为1%。而世界其他地区、国家的状况又是怎样呢？

◆法国：据调查，走进美术馆、音乐厅进行美育活动的家庭比例超过70%。

◆德国：据资料显示，去美术馆、博物馆欣赏艺术作品，带孩子聆听古典音乐的家庭比例超过60%。

◆荷兰：走进博物馆，通过艺术作品来学习生活中的事物，对于孩子是很平常的事情。

◆美国：去美术馆和博物馆进行审美活动的家庭比例要小于欧洲，但学校与幼儿园的重视程度却相当高，与欧洲基本持平。

◆日本：非常强调美育对儿童健康成长的作用，多数艺术馆对孩子和家长都免费。

◆中国香港：在休息日，都有对儿童开放的免费讲座，得到官方与民间艺术教育机构的支持。

近年来，中国的大量美术馆、博物馆也免费开放，一些艺术机构也在进行公共艺术教育的尝试，但依然处在比较初级的阶段，比如我们看到的面向儿童的项目还都是传统的"导游式"讲解。2016年，我们在生活美学夏令营当中带孩子们一起参观了一个很不错的民营美术馆，经过前期大量的沟通联系，发现接待我们这个很小规模儿童团体的讲解员，还是戴了那种"小蜜蜂"话筒，在讲解中依然强调一些"知识点"。好在我们的老师准备了关于汝窑、钧窑等瓷器的互动绘画游戏，孩子们可以观察且参与创作，整个活动反映还不错。已经非常领先的美术馆在公共教育层面还是如此古板，这一点大大出乎我的意料。在蝌蚪同学组织的看展活动中，除了观展外，还有精心设计的主题创作环节，孩子可以完全浸入式地观察、想象和创作。

关于美术馆，2015年夏天有两则相关新闻让人惋惜。一则是广州美院毕业展，有孩子把作品破坏掉，现场也非常混乱；另一则是上海的一个展馆挂在墙面的玻璃雕塑作品，监控可以看到孩子迈进围栏线，扯坏了作品的翅膀，而两个妈妈则在外面拍照……虽然这是两个比较极端的事例，但足以提醒我们，不仅仅是走进美术馆，如何走进美术馆，也是需要父母们多学习的。

越来越多的教育机构专注于博物馆、美术馆教育，让人看到希望。张晓扬是南京尤里卡的创始人，在牛津上学的时候，看到国外的孩子是如何借助这些公共资源，在体验式学习的框架下学习，毕业之后就把重心放在了这个领域。我是2013年认识她的，看着她的公司一步步发展起来，在项目设计上遵循儿童的发展规律，每到周末就带着小朋友走进美术馆，在真实的空间里学习。大本营在南京的尤里卡已经有了很多妈妈和小朋友粉丝。

在微信上介绍了尤里卡的博物馆教育理念之后，还有广州的妈妈朋友留言说："可是具体还是不知道怎么做。"的确术业有专攻，而且每个馆、每个展览主题和内容都不相同，引导的方式自然不同。在这个领域，早期还得不到太多支持，这就需要妈妈们多做一些，仅仅带孩子去这个环境里还只是一个开始，怎样让孩子更有兴趣，真的能在"玩儿中学"，还有更多的功课要做。不过美术馆教育还是有一些通用的原则，有心的父母可以用在家庭的看展活动中。本书的第六章"和孩子一起发现生活之'美'"，会有专门章节介绍带孩子去美术馆就像逛超市一样简单的方法。

严重缺失合格的艺术教育者

好朋友梅利莎（Melissa）带女儿娜娜去学钢琴，听到老师对孩子的呵斥，她不寒而栗，说不敢想象自己不在的时候，还会发生什么。和几个妈妈喝茶的时候，大家都提到各自换钢琴老师的经历，似乎一个同时懂艺术且懂孩子教育的老师太难得了。一个幽默的妈妈说："就好像把孩子送进戏班子，要受尽折磨之后才能成角儿。"无论如何，娜娜妈妈现在只能接受老师来家里，在她眼皮底下授课才会安心。

艺术教育在市场的推动下，不仅无序，而且失控。因为艺术专业学费高等原因，很多高等院校开设了艺术专业，带来了表面的繁荣，但教育的理念、师资并不能支撑高质量的专业。实际上，这样遍地开花的艺术专业，不但不能有益于艺术教育的发展，而且对于艺术教育反而是一种损害。

中国艺术教育目标和西方有较大的区别，注重学生的技巧训练，这虽然不是一件坏事，更不会因此产生糟糕的后果，但糟糕的是忽略了学生之间的差异性，学生的技巧成为创造力的桎梏。**艺术教育的人文精神和创新精神，应该是贯穿始终的核心。**

在尝试蝌蚪同学创感教育项目的过程中，我们希望找到具有艺术背景并且热爱教育的艺术家共同合作，组成多元背景的团队，共同参与教学和课程开发，但发现找到合适的人非常不易。很多艺术院校培养的人只懂技术不懂艺术（人文、社会等背景），有灵光一现的想法，却是缺少真正创新精神的不完整的艺术"人才"。而批判思维和多元视野的匮乏更是成为他们发展最大的障碍。因为当代艺术的指向已经不仅限于技艺，越来越多的则是指向实验艺术的方法、跨界的、社会的，更多的是思维的逻辑，如何用作品（甚至和画画这个技巧无关）表达。很多艺术家经历了不断探索和突破，才能够找到自己的声音，涅槃重生。

在我们参加过的一个毕业展上，看到很多年轻艺术家对于为何有这样的创作完全无法表述，无论是文字的还是语言的。我想这不是为了迎合观者而必须"编"出一些说法。这和缺乏思维的训练，被认定有艺术天分开始学画，学了之后一定是从素描开始（完全不考虑儿童发展规律），然后艺考、学画是一脉相承的。在很多年轻艺术家探索艺术语言的过程中，要有一个痛苦的蜕变，而创作生命力更旺盛的艺术家同样也应该具有批判思维以及对自我和社会的反思。重要的不是材料的呈现，而是背后的观念和严密思考逻辑。

如果在这些天才儿童幼年时，家长和教育者就了解，艺术是儿童早期课程中不可或缺的一部分，对儿童来讲它是一个工具，对他们的成长肯定更为有益。儿童用图形、情感语言来表达，是儿童成长的真实反映，对教育者来说，通过这种表达也是实现与儿童沟通的最佳途径，要允许他们用艺术来探索自己的内在精神世界，挖掘自己的创造力和潜能，通过美学、艺术史的学习获得批判思维的能力。

可悲的是，一些缺失这种能力的成年人其实并不具备反思的能力，对于儿童的艺术教育完全是一种俯视的态度，把所谓的"纯艺术"凌驾于艺术教育之上，依然秉承"儿童是一张白纸，也没什么创造力"的谬论。**以崭新的、欣赏和尊重的态度对待儿童心智的创新过程和儿童的艺术作品，是艺术教育者和家长必须拥有的姿态。**

一个在某艺术馆做儿童教育项目的负责人，对我吐槽了一系列和著名艺术家合作的窘况："完全不明白该如何和儿童沟通！"有朋友组织了亲子艺术活动，去参观某个著名雕塑家工作室的时候，并未在儿童和艺术家之间发生理想的化学反应，家长们和组织者这才意识到，这个艺术家完全没有和儿童沟通的经验和技巧，除了打招呼外，没有其他任何交流，精心组织的活动就这么大大打了折扣。

和儿童打交道是一门重要的技能，只是这个能力似乎从未得到足够的重视，艺术家和艺术教育者之间是有非常大的差别的。当然，艺术家做了父母之后，就不得不发生改变，我也有幸邀请很多年轻的艺术家父母，一起为推动艺术和美育在家庭的普及而进行一系列努力，也鼓励年轻艺术家多学习和了解儿童创造力和发展的规律——要知道，儿童的创作方式和年轻艺术家是多么高度地接近！和儿童一起的工作从来都不是给予，而是收获，他们带来的灵感和对生命新的角度的思考让人永远不会乏味。

艺术启蒙就是一起玩儿和聊

美学作为思想和哲学的一个分支，它涉及孩子的知觉发展，涉及艺术的本质和意义。它作为全部感觉的一种提炼，是孩子即将学习其他内容的基础。其实上不上美术班不是个问题，保持孩子的创造能力和多元开放的欣赏能力更有意义。不过早地去进行模式化的传统美术班学习，对保有创造力反而更有价值。

为什么要画画，这是个问题。每个家长、孩子都有不同的答案，但启蒙期的画画应该更丰富，不只是画画这么简单。孩子在探索自身和对身边世界的认知，固化的形象阻隔了他们的认知和体验。艺术启蒙其实和父母玩着聊着就有了。

为什么要画画？

在大宝7岁左右的时候，一个周末邀请了几个小朋友来家，眼见着玩具拖出来，大闹天宫就要开始，为了让大家舒缓一下兴奋的心情，我建议："咱们画画吧！"于是在一个高八度的男女生混合欢呼声中，我们的周末临时艺术实验就意外地开始啦。

在助教姥姥忙着准备的工夫，我让每个人说说，为什么要画画？两个小朋友说："因为想做艺术家。"一个说："因为我想做忍者，画画能让我安静下来。"还有一个当时没想起来，后来补充，"因为我喜欢画画。"想当艺术家的小朋友都在小区附近的美术班学习，想做忍者的是我家大宝，想不起来的是小宝。

然后，不知谁先提出来，要画兔子，可是要写生，看着才能画。先是孩子爸爸装了一会儿兔子，做模特儿，我接着找到一个兔子布偶，两本有兔子的绘本给大家参考，热热闹闹的写生就开始了。其间受过"美术训练"的学员向我家两个娃煞有介事地介绍美术班是怎么回事,反正是种很正式、很高级的感觉。待他们果断地下手画的时候,我家大宝、小宝却非常犹豫,本着"别人啥都好"的逻辑,转向我要求:"妈妈,我也要去学!"待人家准确地画出兔子形状并配合阴影什么的时候,大宝已经到屋里看书,前所未有地留下空白的一张纸。

于是,我赶紧表扬画画的小朋友,同时又安抚坚持创作的小宝:"你的也很有风格。"还要跑到屋里和大宝沟通:"你去看过很多画展,每个艺术家画的是一样的吗?""都不一样,但我就要去学画画。"好吧,内心还是不够强大呀。记得很小的时候,他在幼儿园画的就没人家好,为了对付每天嘲笑他的小朋友,我们练习了一句:"这是我的风格。"作为标准回应和心理暗示,效果相当好,如今看来也不好用了。那边,小宝一直在撕纸,对自己的作品不满意,可是小客人也要招呼好,忙得团团转。

小朋友的家长来接他们,从他们的美术班聊起,好像的确学了很多技巧的东西,从两个小客人的表现来看,这个画画的程式化还是挺严重的。和家长就此聊了聊,听说老师已经在教孩子画素描了,而这两个孩子只有六七岁,刚上一年级。还有类似的教法,比如学国画,几笔一朵荷花,再涂涂,一片荷叶,非常程式化的方法,这方法的确可以快速画一幅不错的画出来,而画中独独没有孩子自己。

每年去看美院的研究生毕业展,形式之丰富、数量之多让我看得好疲惫,不过可以想到的是,没有一个毕业生的作品是和别人一样的。虽然一定的技巧训练是很重要,但在孩子们最有创造力,最天马行空、无拘无束的时候,坐在一起学长大后几个月就可以掌握得很好的技巧,想想都觉得很残酷。就算要应对未来的"艺考",也没必要从现在开始训练而磨损最为可贵的创造力和想象力。**开放的心态是家庭艺术启蒙最核心的出发点!**

能够激发孩子创作的老师才是好的老师，如果没有这样的老师，倒不如孩子自由创作来得更好，因为只能教技艺的老师反而会遏制孩子创造力的发展。老师的作品优秀并不能证明他可以教好小孩子，做激励者和艺术创作是完全不同的两种功能。而**调动多元的感官体验，大胆突破权威树立的模型才是更有益的艺术启蒙**。父母才是孩子最好的艺术启蒙老师，零基础也没问题，因为本来就没有什么固定的艺术"范式"。

每个父母都是艺术启蒙老师

2015年在朋友小暇的儿童艺术工作室参与活动的经历，对我而言还是挺有感触的。那一次，孩子们先欣赏霍克尼的风景画，然后放下作品，尝试用大师的语言自己创作，再接下来带孩子们去看霍克尼的展览，这样孩子们看展览的时候已经对大师的风格了解了很多，因为自己已经亲身尝试着创作过了。如果每门课程都有这样丰富的组合就是相当理想，可惜路程太远，我们没办法常常参加。有主题、有实践和丰富的体验组合的艺术课，给孩子们留下的体验是立体深入的。这其实就已经是在某种程度上践行卢浮宫的艺术教育概念。把深入的体验融入艺术教育，和孩子产生连接。

零基础的父母在家庭中也是可以做到的！有一个妈妈很困惑，带孩子看展览很无感，因为自己不懂，也没有办法努力更多。我解释了这样一个方法之后，这位妈妈豁然开朗："没有基础的妈妈真的可以做到！"这就是"跨学科"教学法，是卢浮宫艺术教育的一个核心教学理念，给非艺术背景的教育者和父母很多信心，并且提供一个践行的方向。

"跨学科"的教育理念认为，每门学科之间都是相互关联的，就像世界本来是一个整体，我们对它的认知和学习探索也应该是完整的。**而面向儿童的艺术教育，重点是在儿童和艺术间产生联系和兴趣**，引导的作用远远大于艺术知识的传授。关于一幅画的欣赏，多学科的理念是指任何一个艺术作品的创作都可以用多种角度来进行，而未必只有娴熟掌握了很多艺术史的"专家"才能够做这件事。更为重要的是引发孩子对艺术的兴趣，把孩子的关注点引到作品及作品相关的部分。

在卢浮宫的教育工作坊上，我们曾经做过一个练习，以此为例子能够更易于大家理解这个理念。在看到一幅中国古代的艺术作品，一个皇室背景的环境，一位明显是皇帝的人物坐在龙椅上。不知道背景、画家和年代，那么练习就是：如果你不是艺术老师，而是其他学科的老师（想象每个父母都有自己最擅长的学科和领域），对这样一幅作品，你会怎样从自己的学科角度来引导孩子关注这幅作品，并且设计与之相关的后续教育活动？

是不是很烧脑？真的不是艺术老师，不知道作品背后的任何资讯，怎么办呢？

"化学"老师说，可以和学生解释作品本来的颜色不是这样的，因为氧化等化学反应导致大家看到的发黄，可以一起做个这样的实验做旧；"体育"老师说，这个皇帝貌似不太运动，我们可以根据他的身材等给他设计一个运动方案；"历史"老师说，我们研究一下皇帝生活在什么样的空间里，看看是什么年代的特点……当艺术不仅是独立的一个"学科"，而是与其他领域融合在一起的时候，更有助于孩子从多个角度认知世界，对于父母而言，每个人都可以轻松地承担起艺术启蒙的角色。

父母从自己最感兴趣及擅长的领域，从自己最熟知的角度出发，可以和任何一个艺术作品连接以及对孩子启发。对孩子而言，父母引导他对一件艺术作品产生兴趣，比传递给他大段的背景资料更有效。儿童的艺术教育承担的还是"启发"的职能，所有的艺术史"知识"总是有渠道可以了解的,而兴趣和连接才最为关键。

艺术教育家维克特·罗恩菲尔德认为儿童绘画有巨大的自我表达价值:"绘画、涂色以及建构的过程,是儿童把环境中多种多样元素整合成一个有意义的整体的复杂过程。在选择、解释和改造这些元素的过程中,**儿童呈现给我们的不仅仅是一幅图画,还是儿童自己的一个部分。**"多学科方法引导的欣赏和绘画等艺术教育的行为,让孩子的绘画等活动融入了更多学习的内容,给予他更丰富的关于世界、关于自己以及关于艺术的资讯,画作反映出他自己的那个"部分",就是儿童对当下话题的接收和理解。

就像前面提到的小瑕做的艺术教育,做好引导和建立连接的部分之后,再给孩子足够的材料,那么孩子们就会有相应的产出和创作。当然还得承认,没有听上去那么简单,不过,如果大人的兴趣也投入其中,那享受度会不会更高些呢?

科学家的艺术表达

儿童发展心理学家艾莉森·高普尼克(Alison Gopnik)在他的著作《哲学宝贝》*The Philosophical Baby* 一书里写道:"孩子们对这个世界的认知,跟科学家的方法其实大同小异;进行试验、分析数据,从而对物理、生物、心理范畴的事物形成直观的理论。"

不同于真正的科学家,这些"儿童科学家"的处理和表达是艺术家的方式,他们不用报告和论文,更多地用自己的感官来搜集信息以及表达和抒发自己探索的结果,这些"儿童科学家"的成果就是他们的作品,视觉的、身体的多感官的表达……

这里想给爸妈介绍的第二个艺术教育的策略就是"多感官学习",孩子们的学习是综合了全身心的学习,是和成人的抽象思维不同的，他们用全部的感官感觉、搜集和处理资讯，因此在艺术的学习中也要充分调动感官的全面参与，孩子才不会觉得无聊。

多感官学习包括综合视觉、嗅觉、触觉、身体等来表达，比如在看到一尊雕像的时候，不是抽象地让孩子看，线条多么流畅啊！对孩子而言，是否能用雕像一样的造型去站立才是让他更仔细地观察雕像的方式。对于一幅不可触摸的作品，能够模仿画中人物的表情也是更有趣的互动。切忌第一时间看标签！

一次没有提前计划看展的经历几乎可以说是"多感官学习"的最好例证。那次临时起意，带着家里两位"科学艺术家"逛了著名雕塑家向京的回顾展览《唯不安者得安宁》，因为雕塑的直观性，雕塑艺术的形式对孩子来说更易于接受，他们实实在在地看到了和触摸到了。模仿雕塑作品的造型，自己参与到雕塑的组合当中成为布景一部分……这些玩儿够了，我们又去看了纪录片，看到这些庞然大物般的雕塑在工作室里是好多人一起工作完成的，看到巨大的吊车吊着包裹着的雕塑放到展厅，如何成为现在的样子。这些不同的刺激都是极好的信息，接收到了的孩子会用自己的方式转化，比如小宝就画了一幅有很多工人工作的画："他们正在做这个大雕像。"

在我们组织的一次茶道课上，我们也融入了艺术创作的部分，被小宝称作"茶老师"的陈艳梅是两岁女孩的妈妈，她对孩子们精神状态的了解非常深入，她的儿童茶修课常在无形间化解每个孩子的躁动，令他们非常安静投入地去和自己相处。茶是一个介质，帮孩子把注意力聚焦在嗅觉、味觉，进行精神的内省。每次课程都会融入艺术创作，在不一样的感官体验之后有一个抒发的渠道，从茶、从画中都可以看到孩子的生命状态。

这些感官通透的小生命在不断地吸收，不断地进行"科学研究"。艺术是一件再自然不过的事情，帮助"科学家"完成"报告"，提交他们对世界的解读。对这个过程多一点观察，你会发现孩子们是了不起的科学家，他们处理的信息，他们看到的角度都令人惊叹。

在本书的附件部分，我会详细介绍《用卢浮宫秘笈制订一个完整的家庭美育出行计划》，分步骤地运用卢浮宫艺术教育框架及方法制定一个家庭美育活动，无论看展还是引导家庭艺术创作，都可以融入多感官和多学科的方法，并且父母在实践中可以结合自己的兴趣特点形成自己的家庭风格。你，当然可以的！

其实不是为了培养艺术家

20世纪20年代,中国就曾经有一本《美育》杂志,主张"美"是人生的一种究竟的目的",并探讨在中国实施美育的理论问题和实践问题。断了几十年之后,在物质丰盈起来的今天,越来越多的人开始反思和关照我们的当下美育的缺失。有没有发现越来越多学花艺、茶道的妈妈?一个参加我们绘画课的妈妈是女强人,家里家外的顶梁柱,看到我们的绘画课一如既往地说:"好想去呀,可是没时间……"而一旦下决心腾出两个小时加入之后,她发现对心境、情绪都有很多的影响,专注在认真画好一株植物的时候,"心就放空了,就休养了、生息了"。**无论成人和孩子,艺术活动都应该专注在人和艺术之间的关系。**

不妨用艺术加持内功

一个艺术家妈妈朋友每个周一都很郁闷,因为她可爱的小儿子要穿上难看的校服去上学,她觉得简直不能接受这么难看的样子:"他就像变了一个孩子!"艺术家对视觉审美的标准比普通人要高很多,对生活中的美也更加敏感。这是长期艺术训练的结果,提升审美不是一蹴而就,是长期的熏陶。多听好的优质的音乐,听觉的要求自然就高了;吃到自然的味道,触觉就敏锐了;用把"日子过成诗"的恬淡悠长,走过一天天的人生。多给孩子"高品质"的艺术刺激,他未来对环境和视觉、听觉要求,对生活品质的追求自然也不会太低。

与艺术家们熟识并共同工作的话会发现,他们在非创作的时候,依然对视觉的美有非常高的标准。举个例子,2016年在我们举办生活美学夏令营的筹备期间,有外地的妈妈想看到营地住宿环境的实景照片,于是负责后勤的同事开始按照承诺的"三星标准",准备拍照发给外地妈妈参考。但艺术家老师知道这件事之后,整个事情都完全不同,直到最后呈现的整个布局都完美之后才拍照,每个细节、台灯、书的摆放、墙上背景的画都重新安置过……

家庭美育其实是父母给孩子什么样的审美环境,自己对什么类型的艺术形式更感兴趣。纽约现当代艺术博物馆(MoMA)的公众教育负责人莉萨(Lisa)建议教育者选择自己感兴趣的艺术作品来设计,给孩子们互动,她说:"一个教育者自己对艺术作品的热情和兴趣越大,学生们的兴趣也就越大。"同理,在家庭环境里,**父母的审美趣味更会潜移默化地影响到孩子的选择倾向,就像我们说到的"妈妈的味道"。**

萱萱妈妈是我认识了很久的朋友,她自己的专业是研究古典文学和创意写作。同时她也是一个疯狂的"剁手党",凡是我知道的各种儿童绘画及创意手工的材料,她基本上都买来给萱萱玩过。她的大家庭里,每个人都有些艺术的爱好,比如爱好京戏、书法、弹钢琴、画画、玩儿乐器等,对她来说,这些都是相通的,要从小玩儿起来。和萱萱妈最亲密的表妹也在芝加哥艺术学院读艺术专业的硕士,她表示,材料、新的媒体介质甚至技术的应用将是艺术在未来发展的大趋势,而从小让孩子多玩儿多接触,不仅有助于艺术能力的发展,甚至会影响到未来的生活和职业的成功。

沃顿商学院管理与心理学教授亚当·格兰特(Adam Grant)在他的《原创力:标新立异者如何推动世界》(*Originals, How Non-Conformists Move the World*)这本书里提到一项研究,密歇根大学的这项研究也证实了乔布斯的说法。研究人员将1901—2005年期间获得诺贝尔奖的科学家与同时代其他未获奖科学家

做了一个对比,结果发现,这些获奖者:

◆玩儿乐器、作曲或当乐队指挥的概率是其他科学家的2倍。

◆画画、雕刻的概率是其他科学家的7倍。

◆作诗、写戏剧、写小说和故事的概率是其他科学家的12倍。

◆当业余演员、跳舞和玩魔术的概率是其他科学家的22倍。

从艺术而来的敏锐的感受力当然是做好科研工作不可或缺的能力。不知道你有没有发现,每年高考状元产生之后,也会有一系列的采访,常常会聚焦在这些学霸通常也有很多艺术方面的爱好。要知道,高手过招的时候拼的都是内功,就算是应试,赢到最后的也不是死读书的孩子。一位钢琴老师说,2015年、2016年的高考状元,十个里面有八个都弹钢琴,她说:"**钢琴不仅是冰冷的乐器,更是他们成长道路的伙伴。那些无法跟人诉说的语言、压力、委屈,在演奏中都可以释放出来,心态归零,重新出发**。"想想看,不爱好点艺术,在奋力备考的路上何以解忧啊?

找到生命中的 Something Beautiful(美好的事)

日本著名民艺理论家、美学家柳宗悦在《工艺之道》这本书里说,一直以来,艺术(art)一直比工艺(craft)有更高的地位,他努力地给"美"正名,美术越接近理想越美,工艺越接近现实越美。他提出,比起实用功能,装饰应该是次要的。其实我觉得不妨用"为生活而艺术"来扩大"艺术"的范围,能够带来心绪美好的不妨都划归其中，能为感官和心灵带来愉悦的事物，难道不都是生活中的艺术吗？

曾经约了很多妈妈分享她们的美学修炼，和大家也开了一期"美学叙事"课。同事给这个系列分享了一个名字——"成为生活艺术家"，是啊，每个人都有自己最舒服的一条路，找到生活中的美好，从茶道、插花、文字的美一直到流行文化与艺术……随着分享话题越来越多，我们好像一群手拉手在森林中探寻的孩子，有点磕磕碰碰又充满期待，因为生活这片森林中有着无穷无尽的宝藏等着我们去发现、去欣赏。家庭美育也就是放下紧张和所谓的规范，和孩子一起安静地好好听一首音乐，分享一杯清茶，穿一身舒服自在又合乎环境的衣服……

我曾经给孩子买过一本英文绘本《美好的事》(Something Beautiful)，讲的是一个黑人小女孩住在环境不那么美好的社区里，她一直询问邻居和朋友，什么是他们生活中的Something Beautiful。面包店的阿姨送她刚出炉的面包，说那就是她的Something Beautiful；门口跳绳的小朋友说是他的新运动鞋；邻居阿姨生了小宝宝，这个小肉球就是她的Something Beautiful……小姑娘跑去问刚下班的妈妈，妈妈给她一个拥抱，说："你就是我的Something Beautiful！"小姑娘回到社区看到门口又脏又乱，她动手整理干净，她说，她要自己创造她的Something Beautiful……无论生活在哪里，物质水平怎样，我们总可以在自己的生活里找到自己的Something Beautiful。

提到艺术教育，就有很多妈妈问，应该买什么画册？可不可以有个单子？我在微信公众号分享了文章，谈到关于音乐教育，就马上被问道，可不可以发一些宝宝音乐的链接？艺术审美越来越多元，古典的、流行的，给孩子更多的机会接触多元的艺术是中国孩子非常稀缺的。就像也曾经推荐一些书给妈妈看，其实每个人的品位、兴趣各不相同，我不觉得有"妈妈必读的50本书"或者"宝宝健康成长必看的一百本绘本"这类的排名。且把这些"排行榜"做参考吧，毕竟我们要给孩子营造的是一个氛围，**父母爱艺术，多读书，相信和接纳孩子，他们自然也会努力去寻找生命中的 Something Beautiful**。

去纽约的时候，和时尚设计师杰西（Jessy）一起去看学校，逛博物馆，同为两个男孩的妈妈，我们一路走一路聊，我一直以为她是自小学艺术出身，她说父母的确从小给她找过一位艺术老师，但她最为感激的是老师从未教过她画画的技巧，而是**教给她怎样发现美，打开感官，提高色彩环境美的敏锐度，而这些才是她受益终身、获得幸福的能力**。深秋的阳光照在草地上的落叶，孩童在远处的欢笑，手中冒着热气的咖啡，感受一颗开放而从不停止成长的心灵，40岁也可以有美好的人生。

孩子不是弥补生命缺憾的通道

孩子不仅是父母生命的延续，更是他自己。在养育过程中，我们常会不自觉地把自己的意志加诸孩子，或试图在孩子身上弥补自己成长中的缺失。《无声告白》是纽约时报超级畅销书，看完才会发现，无论在哪里，在什么时代，都有这样一种控制型妈妈：即便用了看似不那么强势的方式，却依然牢牢把控着儿女的生活。小说中的妈妈，小时候就想与众不同，努力逃脱家政课老师妈妈设定的模式，想成为一名女医生。但造化弄人，她还是休学、结婚、生子，不情愿地走上了那条路。她把自己未竟的心愿传递到两个女儿身上，各种暑期班、课外班，高一上高二的物理、化学课……没有社交，只有学习和分数，送的礼物永远是书，是《女科学家的故事》之类的书。她的乖女儿觉得这些都很没劲，可口中还是："好的，妈妈。"承接下所有压力的乖女儿在15岁生日的时候，投到离家很近的湖里，永远地解脱了。

我们终此一生，就是要摆脱他人的期待，找到真正的自己。

在上一辈没那么讲究教育方法的家庭环境里，好的艺术环境配上不当的方法，还是不能让孩子真正地爱上艺术，越用力，反而把孩子推得越远。一个艺术专业毕业却坚决不再做艺术的妈妈朋友，父母都是艺术老师，从小给她各种严格训练，作为乖乖女，她也一直很配合地做了很多事，包括读艺术类的研究生。然而一旦真正地独立起来之后，她所有的职业选择都和艺术绝缘，似乎那是一个再也不想触及的伤痕。类似这个朋友的经历，我在很多学艺孩子身上看过，有的压力来自父母，有的来自老师。典型的东方式虎爸虎妈，因为某种"信仰般"的狂热，而让孩子承受不应该承受的艺术教育带来的苦难。

我家大宝在去东南亚旅游的时候，打了两天朋友家哥哥的架子鼓，朋友们听了都以为他学过，觉得节奏感什么的很不错。在我们组织的一次流行音乐之旅的活动中，大宝也对打鼓很是着迷，觉得很酷，于是有了合适的老师就顺理成章地开始学了。刚开始，他踌躇满志，觉得自己很快可以像《爆裂鼓手》电影里的那个鼓手那么牛，而且以后可以打鼓来赚生活费……

但几个月之后，兴趣大减。所有的器乐逃不过技巧的练习，这个技巧总是有些枯燥的，再加上夏令营离开太久的原因，老师的原因，课程没有持续去上，到了一个情绪反抗节点时，就把课停了一下。在恢复上课之前，我和老师做了一下沟通，学这个鼓的目标还是要喜欢音乐，所以希望老师能够多用一些方法引导孩子的学习，更多地关于音乐的沟通交流，等等。刚刚做了爸爸的鼓手老师想了很多办法，比如分享一系列有趣的音乐视频，使大宝重新燃起对打鼓这件事超级酷的认知等等。不管大宝是否成为一个业余鼓手，好的艺术教育都会让孩子依然喜爱，而不是留下一身技术却无比痛恨,不得已而以此为生。那些拿着棍子敲孩子手的钢琴老师是不是心里都住着这样的一个愤怒小孩呢?

　　大宝从4岁开始踢足球,四年级的时候,说当上了学校足球社团的队长。每次回想起第一季的训练都还是不堪回首,基本上前三个月的训练都是穿好球衣在观众席观看,每次说取消又不行,就这样生生地看了好久。现在回想,是当时太过努力地把孩子推向足球,虽然他心里喜欢,但父母太过激进的态度反而让孩子抗拒。所幸当时用了一点耐心,和他一起在场边观看,才有了现在的这个小小的足球队长。这不算是什么成绩,但以此勉励自己,怕冷体质的我那么辛苦地在大冷天球场边陪看都熬过来了,其他的小挫败又有何妨。

　　无论学文、学武、学艺术,孩子都要忠于自己的内心才会享受。出现困难,我们固然要引导帮忙解决问题,但不要把这个支持变成压力。我们看到的孩子的情绪和反馈只是冰山一角,让孩子敢于在我们的面前说出自己的想法,他们才不会沦为弥补父母生命缺憾的通道。不好拿捏尺度,但值得努力。

5 / 尊重孩子艺术能力发展的时间表

不想拔苗助长,给孩子适宜他发展阶段的教育,了解他们的"时间表"。

艺术能力的发展为什么到了10岁就会停滞?涂鸦期到底如何理解?如何顺利地度过四年级大滑坡,保持孩子的艺术兴趣?

做孩子艺术教育的"脚手架",关键处出手才不会心急帮了倒忙。

父母本色出演,允许孩子在学习中"打打酱油",不同阶段,艺术的学习重点各不相同。

为什么大多数父母的绘画水平停留在10岁
关于儿童涂鸦,父母了解这些就够了
引导孩子的艺术兴趣要顺势而为
12岁是儿童艺术学习的分水岭

为什么大多数父母的绘画水平停留在10岁

这个标题曾经用在公众号上,看到满满的回复和评论都是感同身受的。在我们小时候的美术课上,学生早早地被贴上有天分和没天分的标签。当然天分各有不同,每个人都在不同领域有各种特长,做起来更得心应手。但是艺术其实就和打球一样,天分也是有机会可以学习的。而且更重要的是,和其他任何领域的学习一样,在艺术领域,努力同样也是一个获取艺术能力的重要元素,甚至是可以走得更远的更重要的基础。那么多有天分的艺术家如果早早放弃或者不够努力,其实也并不能出类拔萃。

我们讲的是孩子的艺术能力发展,从自己的成长历程来理解就再简单不过了。

艺术教育是否也有四年级滑坡(The 4th Grade Slump)

The 4th Grade Slump 被译作"四年级滑坡",是哈佛大学教育学院心理学家珍妮·S. 查尔(Jeanne S. Chall)五十年前命名的一种现象,当时研究的更多是这个年龄儿童在阅读能力上普遍出现的不适应。在我陆续研读的很多教育文章和报告里发现,很多艺术教育者认为这个四年级滑坡现象,在艺术能力方面的表现也非常明显。因为常规和循规蹈矩的模式尚未形成,儿童早期在尚未经历过文化规范和社会约定的阶段表现出更高的创造性思维的能力(Diamond& Hopson,1999)。然而,当大多数学生进入四年级,无论早期社会化经历如何,他们都更彻底地社会化以及倾向更常规的想法。所以很多艺术教师也会发现艺术方面的"四年级大滑坡"——

这时的学生更喜欢艺术中具象、文字和隐喻表达，等等。

固然有一部分有天分的孩子早早被选进特长班，后来发现，在绘画方面，很多孩子也是对自己有很高要求的，而这样自我要求的结果未必都是最好的。比如一些一直被认为很有天分的孩子，或许因为无法达到心里给自己设定的高度，再加上不恰当的引导，就此放下画笔。这是否能解释为什么大多数人的绘画水平都停留在10岁？

大约9~12岁被认为是绘画的写实主义阶段，这个年龄的孩子对世界的了解越来越深，早年很图示化的表现方式已经无法满足他们表达的需要了。他们绘画的复杂性日益增加，包括开始对透视的初步尝试等。

这个阶段的孩子作品，似乎普遍没有前一个阶段那么有魅力，那么自由，作品的表现显得更为传统和平实。他们喜欢写实主义比较强的作品，甚至可能认为照片比油画更好，他们的绘画某种程度上似乎也想达到"照片"的效果。

很多孩子由于在这个阶段个人的期待和绘画发展的能力无法匹配而产生挫败感，比如"我画得不像"，或是"我没有艺术天赋"……可能每个人都还记得小时候由于画得不像而得不到称赞，或是老师、家长给我们做出欠考虑的评价。

在我们小时候，貌似能参加美术班或展览的一定是那些"有天分"的同学，我们被排除在外，当然也就没必要继续画下去了。很多孩子在这个阶段变得有些灰心而不想再画了，需要一些特别的鼓励和对情绪的应对，否则真的有可能就此放下画笔。

我知道的两个从很小就参与美术班学习的孩子，好像不同程度都对美术班有所质疑，一个是因为美术班老师不适当的沟通方式，另一个就是阶段性对自己作品的不满意——以我的观察，是每过一段时间都会发生一次。

大宝也开始了艺术的"四年级大滑坡",非常明显,不想参加任何艺术课程,之前可以一下子乱画一两个小时的状态再也不会发生。不过对于"作业"这件事,他最近非常认真,那我们就约定用作业的方式安排好时间,每天二十分钟打鼓,出去玩儿,回来之后洗澡,然后临摹一张《水浒叶子》(他对这些打打杀杀的主题还是有兴趣),品质如何没关系,画完一张就可以。这个方式适合我们之间的沟通,在延续每天一幅画的过程中,会发现更多引导的机会。**每个家庭的状态不同,适时根据孩子的状态调整非常重要。**

为什么大部分成年人绘画水平停留在10岁、11岁?

最近思维导图很流行,看到很多人晒的图,我发现有点验证了这句话:许多成人画的画都像10岁、11岁儿童的作品。除了之前提到的原因——热情被自己或他人打压很容易放弃,也有专家认为是由于儿童更多地转向其他领域的发展。

比如加德纳(Gardner)和林德斯特伦(Lindstrom)在相关研究中提到的几个可能性以及由此给儿童发展带来的影响:

> 由于在学校里比较提倡使用语言,而且语言在同伴交流时非常重要,所以儿童在这个阶段更多地转向用语言作为表达自己的方式。

这个是不是可以解释孩子们怎么突然越来越贫了呢?甚至有更多的插科打诨、校园顺口溜。

或者孩子只是简单地认为,自己的感情不再可以由图画的形式来表现和记录,绘画不再是表达自己感情的合适方式,而转向其他个人化的领域尽情幻想、动作……

由于缺乏成就感而焦虑，放弃创造和个人表现的愿望。但由此影响创新思维的能力，通过个人体验将自己与环境联系起来的能力都受到了阻碍。

加拿大的华人妈妈们发现，要么学校中很多作业都会自然融入艺术，尤其是融入美术的内容，要么就是学校的美术展览从不分三六九等，所有作品一律上墙展示。这和我们很多时候在教育中强调不必要的竞争其实不是外在形式的不同，而是背后的基础思考完全不同。举例说，既然学校已经要求用优秀、良好、及格、不及格来表现孩子的成绩，为什么老师还要公布所有的分数？那这几档标准还有什么意义？还有学期三好儿童的评比？没评上的就不是好儿童了吗？

学校会时不时发来各种"绘画比赛"的通知，这些以比赛为目的的绘画我从没有让孩子参与过，虽然入选的孩子一定高兴，可落选就说明画得一定不好吗？甚至我还听说一个学跳街舞的7岁小孩也在参加考级。一个做钢琴教育的机构负责人也说："海外的一些教学方法在中国是不能直接落地的，我们要把它改造成符合中国家长需要的有可见成果的课程。"看来孩子的热爱和快乐这个成果是无法满足我们胃口的。

不让孩子陷入"成长魔咒"

我想一个成年人的绘画水平停留在10岁其实并不可怕，可怕的是把**通过绘画启发创新思维的能力**发展停滞了。据Lindstrom说，这是很多成年人都没有超越的阶段。在中国，那么多父母一开口就是"我不懂"，的确，如果从10岁左右开始就完全与绘画绝缘，不仅不画，连欣赏也"断舍离"，养娃的时候才重新再次接触到美术，的确只有用"我不懂"来表达自己了。

在前几年我们给妈妈们开的绘画课上，很多妈妈刚开始画的时候都很忐忑，很多人发现美术课上到初中，之后就从未摸过画笔，虽然一直想画画，却因为这样那样的原因没有开始过。最大的隔阂其实在于心理的疏离，因为曾经被一个分水岭隔开，曾经被定义为是没有天分的……

"不想让娃成为和我一样的人。"这句话是我听过的对孩子最奢侈的期待，来自一次和前同事午饭的聊天，这位做财务工作的妈妈很激动地说："我不知道要让孩子成为什么样的人，但我希望她成为和我不一样的人……"她甚至很认同朋友对她的批判，"不自信的妈妈给孩子报很多课外班，我就是那样的妈妈……"

从各种文章和案例上我们可以了解到的就是"成长魔咒"，无论如何，孩子都会成为和我们一样的人（哪怕在职业和生活的很多方面不一样，但本质秉性相同），想让孩子成为和现在的我们不一样的人，唯一的方法就是我们先成为和我们不一样的人，虽然这更难，却是唯一的办法。

在画画这件事上，即使我们和10岁的他同样水平，甚至可能还不如他，但要知道对于创造力的探索，对于自己和世界的连接与表达，我们依然可以继续尝试。即使绘画水平永远停留在10岁，但姿态可以保持积极和拥抱变化、更开放。了解和欣赏不同的作品，学习如何用批判性的思维来评价艺术作品，而不是"像不像"以及"市场价格怎样"。你的独一无二的态度更重要。

我们已经知道如何给孩子更为轻松愉快的环境，和他沟通关于他的作品的独创性，找到更适合的激发他的热情的老师。说到底，每一次创作都是他当下对自己心境成长的表达，与世界的对话，即使看上去这个阶段的作品更为"写实"。

阿恩海姆帮我们回答了**艺术是什么**的提问："**它是人类面临困难时前来救助的使者，是理解人类生存条件和应对生活中恐**

怖情景的手段，同时是人类为逃避外部现实中无法控制的困乱而建立的合理秩序和避难所……"艺术的疗愈功能可见一斑。

　　成人学画的方式和儿童不同，只要以享受的状态来参与，注重过程，发现别致之处，每个人的绘画水平都可以超出10岁的自己。停留在10岁的水平还有一个原因，就是小学之后再没画过……了解这件事的意义如果有机会的话，可以再挖掘一下自己的艺术潜能，或是明白孩子在10岁左右的表现，不爱画背后的原因，如何帮助他度过这段时间，长久地对艺术保持兴趣，或者至少不会主动将自己与艺术隔绝开来，并认为自己是"艺术无能"的孩子。

　　为了验证我的这个理念，近半年我尝试了一个通过画画来提升美学素养的在线课"妈妈美育研习营"。前两个单元的题目是"找回你的艺术天分"和"万物皆可入画"，事实证明只要方法正确，状态放松，一两个月妈妈们画出的生动鲜活的小画打动了许多人。而孩子们也在这个过程中和妈妈一起放松地观察生活、一起画起来。

关于儿童涂鸦，父母了解这些就够了

和孩子相处久了，我发现小朋友是有自己的一个内嵌的时间表的。当周围的成年人不是按照孩子生命内在的时间表去帮忙，而是用既有的经验很着急地去插手时，其实没有意识到是帮了倒忙。在孩子的成长过程中，尤其是新手家长都难免着急。当孩子小的时候，你带他出去晒太阳，很多人就会很急地问，他长牙了吗？他翻身了吗？其实，只要是在一定的时间范围内，孩子自己总会做一些尝试和努力去发展自己，比如说爬啊，站啊，走啊。当他还没做好走的准备时，他会练习扶着站，但是你可能就会很着急地给他买学步车，拉着孩子走，练习。当孩子自己做好准备了，走的那一刻自然会到来的。

哪个爸妈不想孩子得到优质教育？稍一留神就看到满眼"用力过度"的父母。要强调的是，世界上不可能存在一份适用于所有儿童与环境的、精确的阶段顺序表。艺术发展阶段，更像是一份对大多数儿童在某个年龄段所作所为的估计，或根据一定信息做出的预测。和所有好的教育一样，我们要尊重的是孩子的内在时间表，艺术教育同样不必用力过猛。

重新了解涂鸦的意义或可让我们抛却急躁，慢下来等一等。

掌握儿童艺术发展规律

关于儿童艺术发展的不同阶段，不同流派的划分大同小异，但基本都同意这一点：全世界的儿童从很小开始到青春期，都会经历特定的可以预期的美术发展阶段：2~3岁开始涂鸦；到了4岁出现单线条，进入使用基本图形表征的阶段；5~6岁画出环境中的图形；7~11岁进入写实期……很多西方艺术教育者和心理医生,都采用儿童美术能力的阶段划分,来评价儿童艺术能力的标准,因为他们普遍认为,儿童的成长,可以与组织思维的过程和认知能力的发展相对应。

艺术教育的价值,表现在能够帮助孩子理解这个世界,联结不同的想法,建立自己和他人的联系。艺术在社交和情绪发展方面的价值,也在不同的年龄阶段各有表现。研究还表明,融合了丰富材料和复杂的技巧的艺术实践,能够持续鼓励儿童的实验精神以及发出自我声音的勇气。

综合不同来源的研究和表述,这里简要归纳了儿童发展不同阶段,艺术与儿童成长的规律。表格有点长,详细内容可以参考书后的附件"1~18岁艺术能力发展时间表"。

年龄	艺术发展特点
幼儿 (1~3岁)	·无规则涂鸦:1~2岁之间的肌肉运动 ·控制性涂鸦:在开始涂鸦6个月后,有意识地控制涂写 ·给涂鸦命名:3岁命名开始,形象性地思考的启蒙
幼儿园~ 2年级 (4~8岁)	·图解(符号)的出现 ·4~5岁时,涂鸦线条变成了对人、动物和物体的初步形状的描绘。随着成长,显示更多变化和细节,直到6周岁,绘制出的图形才能完全详尽
小学 (3~5年级)	·视觉表达的需要减少,倾向用文字去表达自己的想法和情感 ·"帮团时期"(gang age),更倾向于和朋友一起创作 ·艺术创作倾向写实 ·已经准备好接受更多的艺术形式,如艺术技法的学习
6~8年级 (10~14岁)	·绘画创作的自觉性减弱 ·艺术作品的特点是表现现实和叙述表达 ·艺术创作中包含着情感和对世界的困惑

年龄	艺术发展特点
9~12年级 （14~18岁）	·开始学着像艺术家一样创作，并从艺术史中获得灵感 ·学会利用多种工具、材料和多种媒介来实现自己的创作 ·创作动机会来自多方面：自己的感受、自然观察和对社会秩序的批判性的认识等

往大了说，艺术能力是儿童在运动、知觉、语言、符号形成、感觉意识、空间定向等方面中某种能力出现的指标……当然也不要觉得太严肃、很可怕。

这些阶段是个大致的参考，以我的经验来看，儿童早半年晚半年甚至一年都正常不过，就像我常说的他们有自己的时间表，这方面早点儿，那方面晚点儿，每个人都不一样，不必焦虑。曾经和一个做出版的妈妈朋友聊天，我们一致觉得现在很多家长被一些理论束缚住了，徒然增添了很多压力，比如敏感期……我在我家大宝身上一直想捕捉他的识字敏感期，可是一直没等到，为此懊恼不已，但在小学二年级的时候，他独立阅读了，到了三年级更是成了一个"小书虫"。孩子毕竟不是一个植入了精准程序设定的芯片，每个孩子都是独一无二的，父母的信心是孩子能接受到的信号。那次聊天的朋友说，自己的女儿好像比同龄人都"天真"许多，这个我倒感同身受，不过"天真"不就是给孩子最高的评价吗？

现在的家长对各种育儿理念了然于胸，"养"的部分（三分）都头头是道，不过这"等"的七分就要多花点工夫了。要知道不说不"教"，比出招难多了。这很像在团队管理当中，忍住不说，眼看着年轻人犯错，在"错"中成长，比自己动手搞定问题要难得多。

儿童涂鸦，你不得不知的事实

艺术尤其是美术能力发展的初期，涂鸦是最先发生的，今天我们先深入透彻地了解一下涂鸦，再对我们接下来可以预期的艺术能力发展是怎样的了然于胸。既然大部分孩子都会按照这样的阶段发展，那又急什么呢？静待花开的过程是多么美好。

对涂鸦的划分有四个阶段：

◆ **无序、无控制的运动**

一岁半到两岁孩子的涂鸦是自发出现的，没有老师教，孩子也会画出这样的作品。这个年龄的孩子处于感知运动阶段，他们用动作去思考，手眼开始协调，开始爬、走、跑。

◆ **线型涂鸦，重复动作**

涂鸦是儿童练习和发展肌肉整合运动以及精细动作控制的过程，他们其实对涂鸦留下的痕迹并不在意，只对蜡笔在纸上画的过程感兴趣，所以会不断重复涂画的动作。

◆ **圆形涂鸦，对动作更高的控制能力**

这需要更多的运动能力和更复杂的动作，他们通常不在意颜色，常常不换笔，给儿童体验肌肉运动的快乐提供了机会。到了这个阶段的末期，如3岁，符号思维开始出现，儿童开始从颜色、形状和大小等方面将他们看到的环境中的事物分类。

◆ **命名涂鸦，把动作与想象经验联系起来**

这个时期可能延续到三四岁，他们将自己的动作，画面上的形式与周围的世界联系在一起。即使他们的涂鸦依然无法辨认，但对孩子而言，谈论自己作品的沟通是很有价值的。

有个好朋友，孩子将近3岁，她觉得孩子的绘画"水平"有待提高，希望做些努力。我问她："那你做了些什么？"这位妈妈说，先买了几本简笔画的书让孩子照着画，比如学习画直线、弧线……可是孩子画不像……对于自由探索中的孩子而言,还有什么是比要求他们一定要画出固定的线条更无聊的事?而且这个要求其实是超过了他们的发展阶段的,丢掉简笔画书,给她一支笔自由探索吧。画着画着,突然某一天就能看出"人形"了。

做孩子艺术教育的脚手架

成人不应对儿童涂鸦作品的描述做简单的解释。如果请儿童讲他们的绘画作品,儿童会为了取悦成人而简单地讲一个和画面相关的故事。另外,儿童不知道成人怎样看待绘画作品,所以他们可能随口编造出一些意义。

命名涂鸦在一些孩子身上会经常出现,这些孩子会主动和成人讲述涂鸦中的故事;但在另外一些很少或根本不出现命名涂鸦的孩子身上,就要减少孩子的压迫感,**注意避免不停地追问作品的内容或意义**,以至于孩子为了迎合成人而不得不编出一些意义来。如此只会减少孩子的涂鸦乐趣。

另外,在涂鸦阶段的孩子,语言表达的能力尚在发展中,思维刚刚形成,对世界的经验也比较有限,他们像海绵一样在吸收当中,用想象力把感知到的信息联系在一起。参与我们的家庭美育实验活动和课程开发的年轻艺术家罗斯(Rose),之前在尤伦斯美术馆负责艺术项目,在接触到的许多学前儿童参与艺术项目之中,她发现很多妈妈会比较"急迫"地了解孩子如何解读自己的作品。不过度夸奖,不低估孩子的智力(就和大人沟通一样的语气),描述你所看到的,这些都是一个孩子拿着涂鸦给你秀的时候,开口前应该想到的小小原则。

各种各样的理论,对于解释儿童涂鸦的意义各有不同,对于追求"效果"的艺术教育而言,涂鸦显然无法秀出很炫的艺术作品,而且由于儿童可能在不同的界面上"创作",反而可能成为

父母禁止或被视为负担。但是要知道，正是这些在成人看来无意义的混乱线条，儿童却在其中发展了表达自己的能力，就像语言和手势一样。这些涂鸦对儿童的发展是有极大意义的。

涂鸦是儿童一种意识的觉醒，这种意识就是儿童认为画在纸上的线条和形状也可以代表他们环境中的事物。给他们一支笔，帮助他们开启觉醒之路。放弃用力地"教"，多努力地"等"。

再说说妈妈们提到的"完全不教""基本不教"的概念。很多钟情儿童艺术教育的老师说小孩子是没办法教的，他们画的是自己的世界，成人不了解又怎么有资格教呢？我家大宝在幼儿园学过一种蜗牛的画法，也就是大多数儿童简笔画的方法，然后再画蜗牛，就永远是一个样子，这样的教就不如不教。一个参与讨论的公号读者——葫芦妈提到，自己孩子的艺术老师的"放养式教画"是个好概念，不过遗憾的是布局颜色都按照老师的意思修改过了，对孩子作为艺术家的创作就是一种打扰和不尊重，或许没有指导过的画面没那么完美，但更生动，更有童真。

美国高宽教育基金会的研究中提出了一个"脚手架"的概念，也就是教育者和家长"该出手时再出手"，在关键节点上，比如孩子想要放弃，陷入困境的时候，犹豫不决等，这样的时刻，成人的"指导"才更有价值。通过鼓励、介绍新的工具等方式，激发儿童的内在动机，延续孩子对艺术的主题和材料深度探索的动力。有时候不说话比自己动手和指导要难得多。研究表明，**有成人存在的儿童艺术区，儿童的创作和探索时间比没有成人要长得多，所以"存在"有时就是你作为家长的价值了。**

引导孩子的艺术兴趣要顺势而为

康康妈妈曾经担心孩子对艺术不感兴趣,邮件往来几次,我推荐了几个"家庭艺术实验"给她,刚开始效果还不错,过了一段时间,康康妈妈又发邮件:"我跟女儿一起试过几次,她都蛮感兴趣的,但现在新的问题又出现了,我发现她的专注力很弱,任何一件事情最多只能坚持十分钟,有的甚至最多五分钟,然后就开始各种打岔了。幼儿园班上的老师也跟我反映了同样的问题,她的一节画画课被跟同学打闹、玩儿小玩具、用笔涂自己和开小差占据了,最多只有刚开始的十分钟是关注老师的,很明显,每次互动的效果都不尽如人意。"

教育者本色出演就好

有一段时间,我带着两个孩子,密集地"考察"了市场上各种类型的艺术教育项目,一个共同的特点,就是存在老师用力过度的表演痕迹。当然,这和"试听课"上老师想努力留下好印象不无关系,但也和课程中过多地传递"知识点"以及连锁机构压缩成本聘请的老师综合素质不理想相关。

比如在我家小宝4岁左右看到的这个课程,老师的意图很明显,想通过三原色墨水先后由孩子滴在宣纸上来创造三间色,让孩子们来自主发现这个变化。不过由于颜料的选择、孩子们滴的量以及纸张等综合原因,并没有那么明显的变化发生,自然孩子也没有在老师不断地追问下能够"正确"地回应这个话题,虽然他们已经很努力地在"猜"老师想要什么答案。我的感觉是太累,看得家长也很着急,因为"剧本"限定演员要演完这个环节,所以基本上停滞在这个部分。而很多时候,妈妈带孩子玩儿,更自由、开放地引导，基于对孩子个性的了解来激发他们对艺术的兴趣。老师的脚本涉及教育中的过度"结构化"的问题。

结构化指的是教育项目中有些内容是提前完全确定的，结构化越高，灵活度越小，结构化低的问题是效率以及对教育者的依赖过大。这个平衡是很重要的。国外的很多学校是没有课本和课件的，有的是教学的大纲框架一类的指导纲要，国内的很多机构，更多的是讲稿般的教案。在我看到的一些艺术类课程中，因为老师能力一般，所以一些连锁机构的课程设计上结构化非常高，以至于明显偏离了当下的场景，老师还要牵强地按照"脚本"艰难表演，这样的课程是不可能有高品质的。而对所有人来说，完全不是"玩耍"的感觉。一件事这么严肃且不灵活，当然就会没意思。

因为我们教育形式的限制，所以一部分家长和教育者会认为传递给孩子"知识"以及学会"技能"是教育很重要的部分，从而忽略了思考，忽略了更宽阔层面的"知识"才是对孩子长期的成长更有益的能力。比如在一个艺术课上与其教孩子，这是红色，这是蓝色，不如告诉他们，其实所有的颜色都是可以创造出来的，你可以创造出自己喜欢的颜色。而这个内容在家里就可以完成，他也可以给自己的颜色起个好听的名字，甚至有兴趣做个自己的色卡。如果延伸下去，关于颜色这件事，会有更多有趣的事情发生，比如根据艺术作品的颜色调制出它的味道（具体参看本书的"五个家庭艺术'实验'之'尝尝你的作品'"）。不同之处在于，"教育"的内容没有用于限制孩子，而是**给他方法，进行更多的探索**。但如果用开放的探索，希望得出有限制的结论——知识点，那就会本末倒置，教和学都无比吃力。

关于引导孩子的兴趣，很想介绍关于我家大宝的阅读之路。

从我和他轮流一人一页读一本书，到一个"无比漫长"的漫画阶段，再到一天一本书的暑假，终于开始读我推荐的书……我想任何事都是异曲同工的，不同阶段，孩子的能力和兴趣都不同，我们可以设定不同的短期目标。既然是一件终究很美好的事，在过程中就不要因为引导的方式留下阴影。家长越用力，很可能把孩子推得更远，"举重若轻"，不着痕迹，这需要我们更好地根据孩子的兴趣来。

孩子的成长本来就是这种"螺旋式上升"，不会走路，偏要挣脱父母，趔趔趄趄地走；会走了，却张开双臂一定要抱着。有种理论说他们成长了，学会了一种能力之后，要回到妈妈和看护者怀抱里获取能量，为下一个阶段的成长和学习做准备。我喜欢这个说法，不要往外推蓄势待发的孩子们。

打酱油也是一种学习

的确，我们小时候的基本功只能是打酱油。这里说的打酱油，放在当今小朋友们身上，就是指在各种精心设计的教育活动和课程里晃荡着，不参与的状态，这种状况尤其在年纪小的孩子身上频繁发生。我们需要改变观点：晃荡着也是学习，打酱油的同时也在吸收！

多大的孩子有能力参加这样的集体活动呢？他们的玩耍还停留在打酱油的阶段，要求他们这样规矩地在四十五分钟里按照一个设定好的程序学习有点难。一个同事抱怨早教课："好像就一直处在要把溜号的孩子扯回来的重复动作中。"我安慰他："其实打酱油也是一种学习。"

由于我这个打酱油世家的状况，从开始的焦虑："这学费白花啦！"到"随便打，你说了算"……比如扭捏着不想参加，晃荡了很久，又不肯离去，人家结束了，却玩兴正浓！再比如一直在旁边自顾自地画画，或者不断跑开又回来。相当困扰……过了半个月，发现人家活学活用，啥也没落下！

艾玛的妈妈把孩子转到一家新的幼儿园，我很好奇，挑剔的她到底为什么做出这样的重大选择，因为离家更远，而幼儿园又非常新，于是我作为艾玛的阿姨，一起参加了幼儿园的家长开放日。坦白讲，硬件已经蒙蔽不了我了，在和老师的交流中，中教、外教比较有经验，但并没有那么特别，引用了英国的教学体系等。我觉得老师最打动我的就是，每当提到任何园内的教学及生活安排的内容，都会强调一句："如果他感觉不想参加是完全可以的。"活在当下的小孩子，他给自己选择的机会，我们提供的活动和学习，他有兴趣当然会参与其中，打打酱油离开再回来又有什么关系？

在一次家庭美育实验活动上，我带期待已久的小宝一起参加。因为等其他小朋友晚了一点，他就地摆开自己的笔墨纸砚，课程开始了，也并不过去。作为"主办方"，自家的孩子不参与的确有点没面子，我问了小宝，他坚决不离开，只想以课程为背景，画自己的画。我们的活动设计中从未把儿童的参与程度作为衡量课程的唯一标准，而是给他们不同类型的学习方式，给他们选择、拒绝或旁观的权利也表明了一种态度。小宝看似没参与又不想离开，这个场景的存在其实就是一种参与方式，最怕以购买了商品不想浪费的方式推动孩子"快去快去"，那其实对孩子的"闲适和自由"反而是一种破坏。和孩子一起活在当下，打打酱油吧。

跟着绘本学点艺术

剁手党妈妈们应该都存了很多的绘本，讲故事也是很多亲子时光的标配。要知道这些绘本除了故事，还承载了艺术学习的功能，千万不要浪费掉。以艺术为名的绘本大致分为两种，一种是名画做画面的内容串起故事，这种可以看看，但如果过于"虚假"地介绍艺术家给孩子，也不是很有必要，比如一定要编造凡·高其实是个性格非常不错的人。

绘本还承载着好的故事，我们可以换个角度，比如试着通过绘本自然地介绍一种艺术媒介给孩子，这就要提到我称为"画册绘本"的读物，从孩子喜欢的书入手，比抽象地让他区分水彩、油画会更有趣。一起去了解他喜欢的故事里，这个海盗、这头恐龙、这只小蜜蜂是怎么出现的，同时一起尝试一下这个艺术媒介怎么用。因为和喜欢的故事相关，所以孩子也会更主动地参与。按照艺术媒介给大家推荐一些玩儿材料的方法，也建议看一些绘本。

媒介：水彩

特点： 和水混合在一起形成的透明材料，通常绘制在白色背景上，呈现明亮清澈的质感。

如何玩： 和孩子一起玩儿水彩，可以教他怎样通过混合不同的水量来控制色彩明暗，颜色的流淌可以自然制造出很多惊喜的效果，6岁的小宝就画了一幅三个忍者的水彩画，流淌到忍者都消失隐去了……更重要的是教他用完之后把笔洗干净。

推荐绘本：

《彼得兔的故事》文／图［英］毕翠克斯·波特
《小黑鱼》文／图［荷兰］李欧·李奥尼
《石头汤》文／图［美］琼·穆特

媒介：炭条

特点： 炭条，质地松脆，适宜在附着力强的粗糙材质上作画，便于修改。因为木炭粉末有一掸即落的特性，广泛应用于国画的起稿。不过大家要记住，用炭条绘制的素描作品是不宜保存的！

如何玩儿：《流浪狗之歌》是一本无字书，全篇用这种简单的素描描述一条狗被主人莫名抛弃的故事，孩子很小的时候就看得懂。炭条虽然容易把手弄脏，却是非常适合孩子绘画的材料，因为比较有质感，根据轻重的掌握，孩子可以画出不同的线条，也适合低龄的孩子大把抓的握笔方式。

推荐绘本：

《森林大会》《在森林里》文/图［美］玛莉·荷·艾斯

媒介：版画

特点：用金属、木头或油毡切除图案或图片，造出线条和形状，然后把颜料涂在表面，就可以把图案印在纸上了。

如何玩儿：至于版画，有个最简单的办法，用尖尖的铅笔在泡沫纸上画出形状，干干地涂上水粉颜料，用纸盖上轻拍，一张版画就大功告成了！而且也可以在大块的橡皮上，和孩子一起制作独特的橡皮版画。木板版画在创作时还有阴刻、阳刻之分，阴刻就是以刀带笔，直接刻出你所画出的线条；阳刻就是去掉背景，保留下你所画的线条。爸爸妈妈可以和孩子在家常使用这两种不同的方式进行试验。

推荐绘本：

《阴天有时下肉丸》文［美］朱迪·巴瑞特 图［美］罗恩·巴瑞特

《100万只猫》文/图［美］婉达·盖格

《魔奇魔奇树》文［日］齐藤隆介 图［日］泷平二郎

媒介：油画

特点： 用油作为调和颜料的基础媒介。

如何玩儿： 对比水彩，用水来调，孩子就很好理解了。可以搜集帆布板（很方便买到，尺寸不大的十块钱左右，帆布贴好在板上，便于收藏，不满意，还可以覆盖上重新画），在真正的艺术家用的材料上尝试作画。用小罐子的塑料盖做调色板也可以（速冻汤圆的盒子也是极好的调色盘）。请孩子仔细看并且评价油画的质地、色彩。

推荐绘本：

《风铃草姑娘》文 / 图 [美] 保罗·欧·泽林斯基

《赶牛车的人》文 [美] 唐纳德·霍尔 图 [美] 芭芭拉·库尼

媒介：中国画

特点： 用中国画颜料在宣纸上画画的方式。

如何玩儿： 中国画颜料都有非常好听的名字，颜色柔和。关于纸，生宣、熟宣都可以买来，体会一下不同材料的特点（生宣会渲染开，一般的学生用的低质宣纸就是；熟宣不会渲染）。用水来调整颜色的浓淡，也是很有意思的玩儿法。

推荐绘本：

《神马》文 / 图 陈江红

《梅雨怪》文 / 图 熊亮

媒介：拼贴

特点： 通过不同材料和质地的组合或集合来创作图画。

如何玩儿： 可以和小朋友一起用各种材料制作拼贴画，旧杂志、树叶、干花等等，用这些材料表达绘本中人物的心情。剪刀、胶水贴起来！就像意大利的作者莎拉·方纳，在她的书中，经常可以看到她把手写字，各种写有笔记、记号的纸，或是自己玩儿印刷技法创造出来的字体，融入整体设计中。有时候她还会把糖粒、米粒、扁豆、意大利面条等食材撒在纸上，制造不同的质感。

推荐绘本：

《纽扣》文／图［意］莎拉·方纳

《好饿好饿的毛毛虫》文／图［美］艾瑞·卡尔

《古纳什小兔》文／图［美］莫·威廉斯

媒介：混合特殊材料

特点： 各种材料都可以一起用起来。

如何玩儿： 没有限制，搜集各种家里的材料都可以进行创作，各种艺术媒介也完全可以混合起来。

推荐绘本：

《多多老板和森林婆婆》文［日］藤真知子图［日］木场叶子

《阿黛拉和西蒙在巴黎》文／图［美］芭芭拉·麦克林托克

看好的绘本的时候，孩子们实际上就像进了美术馆，下次买绘本除了作者、出版社、是否得奖，也可以多关注一下艺术创作的材料和风格。在讲故事之后，和孩子一起开脑洞，用同样的材料改写故事结局，或者给绘本里的人物画个礼物……自然的艺术启蒙。这些美丽的、有艺术价值的绘本更是可以一直保留！

12岁是儿童艺术学习的分水岭

一位一直关注妈妈绘画课的朋友说,她从小运动神经很发达的人,凡是涉及"脑力劳动"的就会觉得很累。现在她每天照顾家庭、孩子,还用很多时间来运动,但她很想给自己一个机会尝试参加一下绘画课,不过很忐忑,她"好像对这方面不灵光"。她的女儿聪明可爱,她觉得也继承了自己运动方面的天赋,对静下来学习视觉艺术应该不适合,倒是3岁就开始和一个很好的老师学舞蹈,参加了很多比赛。

真的是这样吗?这个跳舞的小朋友有一年中秋也来我家里和孩子们一起做月饼、画画,她的创作想法非常特别,也很享受创作的过程,是个很有活力的小姑娘。

每个人都有 learning style(学习方式)

大概教育已经割裂已久,我们很容易说哪个学科好哪个不好。视觉艺术中,美术的学习适合安静的孩子这个观点其实误导了很久,大家似乎默认视觉艺术的学习一定是"静止的",所以要"坐得住"的孩子才能学。著名的发展心理学家、哈佛大学教授霍华德·加德纳(Howard Gardner)提出的多元智能理论,被广泛而浅薄地用在教育领域之后更加剧了这个误读。音乐智能强就去学音乐,运动智能发达就当运动员?每个人都是一个集合体,多元智能理论的意义在于,每个人都可以用自己的优势智能去带动在相对不那么发达的智能领域的学习。前面妈妈说的运动智能,在和很多艺术家聊过这个话题之后得出的结论是,艺术家其实也需要运动智能的优势,掌控工具、材料的使用,不停地调整、控制、创造,这需要很多小肌肉群的运动和对肢体的把控。

从多元智能理论可以得出对教育最重要的启发，是"每个人的学习方式是不一样的"。在视觉艺术的学习上，同样也需要采用个性化的方式。

MoMA 的丽莎马佐拉（Lisa Mazzola）在建议艺术老师制定美术馆学习策略时，就提出采用多种形式的工具和方式，比如有的孩子不善于用语言，就可以提前用小组的方式，向同伴表达自己的想法，作为向更多人分享的过渡。更多写的、做的不同方式都可以用到。

大学理事会（College Board Research）的《儿童发展报告》提出儿童从早期直到高中、大学用哪些不同的方式来学习艺术。这里摘取儿童早期和小学阶段如何学习视觉艺术的部分建议，也给希望孩子学习艺术的父母们一些参考，在判断什么样的课程适合孩子的年龄阶段有个基本的概念。

学前阶段

总的说来，学前儿童更多地专注在体验的部分，甚至是整个身体参与运动，多看多体验材料，更多地在一个"输入"的状态，对创作的"产出"不需要有要求，专注在过程。我们的儿童艺术教育的"功利性"，很多就是聚焦在对"产出"的要求上。新材料、多看、绘画成为习惯，这些经历才是学前儿童适合的艺术学习。

◆提供一定范围的材料，定期让孩子接触到新的材料。

◆提供丰富的视觉和空间的环境，在其中，孩子可以和材料进行互动。

◆除了制作艺术作品，教育者更要和孩子一起多看艺术作品。

◆成人不应该过度"解读"图像所代表的事物或创作目的等等。儿童早期的绘画，通常是无目的的，所以也无法描述，更像一种运动的结果。

◆学前儿童可以多用速写本随时自由画。自由绘画，给孩子们一种与艺术创作连接的形式，这个经历不同于由教师发起的艺术课堂。

◆同时提供多样化的活动，这样孩子在对第一个活动的注意力消失的时候，可以转到另一个。

◆设计孩子的体验，他们可以专注在用材料进行探索和创造。这些经历探索的目的，不是必须完成一件作品的创作。

在孩子很小的时候，经常带他们一起玩儿颜料，会发现儿童对材料的探索能力是与生俱来的，他会想出各种不同的玩儿法。通常是在开始的时候，比如我准备了线绳，和他一起蘸颜料，然后夹在两张纸中间，打开后形成一些造型。这样玩儿了几次之后，他会突然消失，拿回自己的小汽车，用小汽车蘸取颜料，在纸上画出轮胎印，用轮胎印的线条作画，组成不同的形状。在儿童对一种探索方式还有兴趣的时候不要打断，让他自己去继续尝试和探索，玩儿个够。

这也是低龄的小朋友真的不是非常有必要上美术培训班的原因。家长开放一点，有足够的空间和材料，自发自由地探索，比高度结构化的以及固化的时间表的课堂更适合学龄前的孩子。在第六章里会具体地介绍如何为孩子设计一间"画室"，营造家庭的"创作"氛围。

小学阶段

小学阶段的艺术教育,需要全面升级才能够满足儿童思维和运动能力的发展需要,否则会觉得太简单、无趣而放弃。更多复杂的创作和材料的使用以及适当技巧的引入,会让孩子有成就感。把艺术和各学科结合,跨界的连接,以及更多地开启批判思维和艺术史的训练。把艺术和孩子对现实的思考建立起联系的桥梁。

◆更广泛的材料的探索,包括那些需要更多的精细运动协调的材料。

◆涵盖更多艺术史、审美、艺术批评方面的内容。策略可以包括创造一个个人的明信片"艺术收藏";参观美术馆,邀请讲解员进行关于艺术的对话;等等。

◆将艺术融合进其他科目的课堂,在不同的学科内容中学习艺术。鼓励与真实世界以及跨领域的联结。

◆这个年龄阶段的孩子有兴趣也有能力通过观察来绘画。

◆鼓励想象和批判反思。仅仅对材料进行探索已经不够了。

◆尊重孩子的发展规律,给他们合适的材料和命题。

在小学高年级阶段,受到同龄人和伙伴的影响更大,对于自我的独立表达也更加强烈,他们希望受到大人一样的待遇,更加追求平等。尊重孩子并鼓励他们进行符合认知水平的艺术创作,有一定挑战的材料使用,比如学习版画,用"大师"的方法来创作,等等。

这里面提到的一些原则在家庭中具体怎么做，在本书的第六章"和孩子一起发现生活之'美'"里面有更详细的阐述。关于家庭如何选择艺术材料，也可以在本书的附件2——"家庭艺术教育工具的使用参考"里面找到具体建议。

6 / 和孩子一起发现生活之"美"

生活中随处都是教育的机会,上学的路上,玩耍的时光,去美术馆,去菜市场……

我们可以做的,就是带领他或者说让孩子带着我们去发现,去探究周围的世界,给他塑造一个空间,陪他养成一个习惯……

用眼睛去看,用心去感受,用自己的角度去解读,探究意义,才能帮孩子准备好面对复杂视觉文化环境的挑战。

为孩子设计一间"画室"
逛美术馆是和去超市一样的必需活动
闭上眼睛看见自然的美
带着幽默感和孩子解构都市

为孩子设计一间"画室"

创作的环境、艺术的环境以及生活的环境,都是一个又一个美育的机会。了解意义,讨论意义,父母比艺术教师更适合担当这个角色。创作者思维是可以在孩子早期就进行培养的,与其担心孩子接触父母认为不适宜或有争议的文化内容,不如及早给孩子一个环境——这个环境不是从现实中隔离的真空,而是尽可能地自由和多元。

培养孩子的创作者思维,让他知道,你不喜欢的某些东西是有机会改变的。传播方式的改变,创作方式的多元——他们这一代从一出生就有更多的机会自我表达,每个孩子都是天生的创作者。

给孩子空闲的、可以自由探索的时间,让孩子负责安排自己的空间,在自然的状态下找到自己喜欢的事情。很多孩子都已经失去了这样自由探索的机会,日程排得满满的,书包装得重重的。我想正是因为孩子们的时间日益紧张,更需要在家庭中营造一个自由呼吸、创作的环境。

孩子真的需要一个创作空间吗?美美和满满的妈妈曾经约我给他们姐弟俩规划一个艺术工作室,她计划把家里第二层的一个半玻璃的房间作为两个孩子的画室。在实地"考察"之后,我给出了一些建议,比如如何划分区域,如何准备材料等。有一个像模像样的工作室,再加上"专业"的画材,孩子们画起来也更有信心。

我当然并不是主张每个家庭都有必要设置一个单独的"儿童画室",一个舒服自由的"艺术角落",或任何孩子能够自由创作的环境都可以,把一个画室的功能区域分散在家里不同的位置,更是非常可行的办法。

关于如何规划孩子的家庭艺术创作空间,我总结了这样几个原则，给家长们参考：

◆自由使用的原则：孩子是这个空间的主人，艺术家专注创作时切勿打扰！

◆激发灵感的环境：有艺术复制品，有与艺术相关的物品及书籍或任何孩子热爱的摆设！

◆一定要有展示空间：艺术家当然需要展示作品，这还用问？

我家小宝对自己的画"敝帚自珍"，出差两周回来，他递给我一幅画和一个自制的歪歪扭扭的信封，是给我的礼物，一再叮嘱我："一定要保存好了！"

一个好的儿童艺术创作空间强调差异和创造性的感受，孩子在合适的环境里探索和创造、发展自己的潜能，合适的空间和氛围可以更舒适、更自由地体验、幻想和发展思路与能力。说得这么重要，那一间"儿童画室"究竟需要哪几个区域呢？

创作区域

关键词：自由、灵感、探索

在这一区域，孩子进行自由创作，无论是纸上的还是架上的，可以有高度合适的桌椅，伸手可得的画笔和纸。专注创作的小孩子很可能连续一两个小时甚至更长时间沉浸在创作中，创作区域的环境还是很重要的。当然，我也发现很多孩子喜欢趴在地上画画，如果创作开始，还是不要打断哟，灵感打断可是不得了……除了画画，孩子们也可以多做不同的探索，手工、粘贴、陶泥、可回收材料，等等。

有的爸妈觉得要给孩子留面"涂鸦墙"，这个仁者见仁，智者见智，涂鸦墙的作品日后没办法留下来，这是我觉得遗憾的地方。不过的确能够往墙上直接涂画也是挺爽的一件事，这个就大家自行决定吧！

展示区域

关键词：画展、主题

虽然家里没有单独的画室，但有两面墙的使用是划分得清清楚楚的，大小宝各有一面展示墙，有了新的作品，自己规划"布展"，来了朋友，自己给大家介绍作品。我们在家里做了很多次"画展"，小宝甚至做过一次"移动画展"，把作品用胶带贴在身上，人在哪里，展览就走到哪里。这些展出的作品应该是孩子自己最满意的。也可以定期有不同"主题"的展览，因为大部分的孩子都是在一定时间内"疯狂"迷恋上画某一种东西，那基本上也是他在该阶段所迷恋的东西，无论是消防车还是超级英雄。虽然作为观众的我们看得太多，有一点无聊，但要知道对主题深入的探索是艺术家的自由，就由他去享受这个"着迷"的过程，真的没什么好担心。比如我家大宝有一段时间非常迷恋超级英雄，每天画的都是这些超级英雄，贴到墙上，总问我："你最喜欢哪一个？"我回答之后，他会继续问："你还最喜欢哪一个？"敷衍不得，因为他还会问："为什么？"而小宝则处在无论画什么样的线条，都会告诉你画的是消防车的阶段。所以说，策展在这时还是挺容易的事，主题相当突出。

存储区域

关键词：方便、归类、标签

这个区域主要用来存贮各种创作的材料、笔、纸、工具等，可以用类似货架的柜子来分门别类地放置。开始就规范好每样东西的位置，才能在未来使用之后由孩子们来归位。可以用塑料托盘或者小筐子来分别收藏马克笔、油画笔、彩色铅笔等，或者用小的塑料盒（纸盒也可以），侧面可以贴上标签，请孩子自己写字或者做上记号。每种工具应该都方便孩子自行取用和归位。

这个听上去好理想呀！不过我知道的是在幼儿园基本上都可以做得到，不同的游戏区，不同的玩具放置在固定位置。在家里通常是想画画就拿起纸笔，瞬间就趴在地上横陈着画，画完，满地都是作品……据说越是妈妈不在，自理能力越强，我做不到，不意味着我对你们这些超级妈妈没有信心呀，理想还是要有的，万一实现了呢！

当然，这些分类和整理要根据孩子的年龄、家庭的环境、艺术项目的进展状况而定，毕竟所有这些材料、空间都应该以孩子为核心，为了帮助他更多、更自在地体验和创作。我家大宝和邻居小朋友一直规划一个木屋项目（在小区附近的树林制作树屋，并收留和照顾流浪狗之类），他们分别收集不同的二手材料纸盒、旧衣物等，堆放在房间里，特别需要我控制自己整理的冲动才能鼓励他们继续进行下去。

灵感激发区域

关键词：热爱、艺术书籍、复制品

这更像一个艺术学习角，除了来自生活的信息和刺激，一个可以独立或半独立活动的迷你环境，充满艺术书籍、艺术复制品、自然事物和富有吸引力的艺术相关的摆件等等。这个小小的环境富有吸引力，能够让孩子在这里观察和触摸不同的事物，激发创作灵感。比如旅行从海边带回的贝壳，在自然里收集的种子，来自不同文化背景的脸谱等等，让环境更有趣的东西。

与艺术相关的书籍也有很多适合孩子们看的，我的经验是选择好的绘本，每幅画面都是单独的艺术品那种，很多绘本的创作也采用了不同的方式，无论是拼贴画还是中国画，除了故事，很多艺术形式都可以从绘本上看到。我最喜欢的一个绘本是《狐狸和我》，这是在画布上创作的绘本，非常巧妙地运用了布面本来的花色，很有意思。当然，也有通过故事介绍著名艺术家的书，我觉得这个倒不必急着看。这个话题在跟绘本学艺术的部分有详细阐述。

给孩子准备充足的纸、笔、各种材料，布置一间"画室"当然好；但开放的心态和"不闻不问"、适时鼓励的父母才是真正好的创作空间！娃在哪儿，画室便在哪儿。

参观了许多学校之后，我发现很多设施豪华、学费高昂的学校很容易犯的错误就是，忽略了和"人"的互动。**孩子应该可以更容易地获得材料，是材料和空间的主人，这样他们才有责任感去整理和自由地创造。**在一所学校参观的时候，我看到材料放到高高的柜子上，孩子无法企及，只有"乞求"大人获得使用材料的权利，很难过。在家庭中，我们不仅要稍微"放松"对环境整洁的要求，还可以给孩子们一个完全自主、独处、负责的空间，在自己的空间撒欢够了，是不会影响到其他区域的。我家墙上唯一的涂鸦是他们的小朋友画的！

当代艺术的材料使用有些是"出乎意料"的，纽约现当代艺术博物馆（MoMA）的青少年教育中心指导主任 Calder Gelhar Zwicky 在谈到 MoMA 的青少年艺术教育项目的时候，就一再强调，很多时候是需要推动青少年艺术体验的边界，受到自己经验的限制，有的孩子会认为艺术仅仅是画画或是陶泥、版画等等。MoMA 邀请青少年和艺术家一起创作，更多的时候是给青少年更多的机会和空间做自己，去探索艺术的更多可能性，甚至提供"危险"和巨大的材料。

想提醒的是，既然给孩子打造了这样一个"画室"，不妨给孩子一些自由去探索，使他们发现更多的意义。

逛美术馆是和去超市一样的必需活动

大卫·霍克尼2015年来北京的时候，万人空巷，凑热闹之余，我也在微信号推荐大家去798看展。一个好朋友说，看到文章后，她带娃周末挤去看了，结果十几分钟不到孩子就出来了，前后路上暴晒堵车三个小时，让她十分搓火。不是霍克尼老爷爷的错，也不是我的错，逛美术馆的确是个技术活儿，不过就像去超市一样，去得多了，逛起来还是会游刃有余的。当然，对于美术馆、博物馆教育的基本了解，会让家长多一些带娃逛的"技巧"，参加专门机构组织的活动也是一个办法。

有兴趣不必急功近利

广州的妈妈朋友美红认为，好的美术馆活动，最基本一点就是"讲人话"。她说："讲完之后，孩子爱听，还能记得住，就说明这个故事讲得够生动。最害怕的就是不停地和孩子说这是哪个名画家画的，这是哪年哪年的东西，仿佛一定要把这些记下来，展览才没白来。"

另外在看展的时候，孩子的情绪很重要。有时候在展览上看到一些孩子赖在地上不肯起来，而家长在一旁气急败坏地呵斥："不好好看展！""这是多么伟大的作品，还不快看！"其实孩子们很可能因此把博物馆、美术馆当成一个讨厌的地方。有个公众号读者妈妈也说："周末带她去博物馆看了精美的陶器、民俗文物、张大千画作等，貌似她也只是看稀奇，积极性和关注度不高。"

孩子是最不功利的，你跟他说这是名画，他是不会在乎的。孩子进入一个展览，不像大人那样可以快速切换，他们进入一个展览就像进入一个陌生的环境，越小的孩子，接受度就越低，**要帮他们找到一个点，把他们吸引住**。这个点可以是一个他们喜欢的颜色，也可以是某个作品，**根据孩子们平时的兴趣，把展览与之关联起来**，这样孩子的情绪比较容易带动起来。比如提前做点功课，把展览内容用故事编出来，和孩子聊天。这些是父母更容易和能够做到的。

好老师可遇不可求，有合适的引导当然会有更多收获。一直探索自然、艺术的11岁女孩的妈妈黑黑说，她也曾经带孩子参加过一些看展活动，但孩子并不感兴趣。后来遇到了一位非常有造诣的老师，她做面向成人的讲座，把很多艺术的话题用生动有趣的方式讲出来，连孩子都非常喜欢，跟着去看展更是流连忘返。黑黑说道："有一次去林风眠的故居，印象特别深，讲解员更多地从艺术家的一生以及他和同时代大师、风格等讲起，对一个人的作品会有更多的了解。不就是来看画的，和文化历史结合起来看，小孩容易切入和接受。我自己也非常容易接受，从人和历史的角度看作品，如何让一个东西进入心里，是一种方式。"

有事情做当然不无聊

很多好的美术馆，公共教育活动会有很周密的设计，比如会给每个孩子发一个任务卡，上面有不同的任务，孩子们带着任务，在展览里很认真地写写画画，通常会特别投入。纽约现当代艺术博物馆 MoMA 的公共教育部门的 Lisa Mazzola，面向艺术老师开设了一门叫作艺术和探究（Art and Inquiry）的讲座，和她的同事们一起介绍 MoMA 面向儿童的美术馆教学策略。对家长来说，可以实践的核心就是"**细致观察和开放地探究**"，而很多我们希望达到的"目标"都可以在向孩子的提问中完成。

我在很多美术馆看到的是大人读介绍文字给孩子听，甚至忽视了作品，这完全是本末倒置。孩子有很敏锐的观察力，只是我们需要给孩子一些时间和工具，让他们更加细致地完成观察和欣赏作品。更重要的是给孩子一点时间，慢下来、静下来，能更深入细致地看一幅作品。从某种程度上让孩子对作品有一定的联结，会让他们更有兴趣，比如在看毕加索的人像作品前，可以和孩子先互相看看彼此的脸。在观看方式上，可以让孩子以不同的距离去看一幅作品，比如从很近的距离看细节，然后后退，从远处看整体，分享不同距离有什么不同的发现。

对很小的孩子，可以用一个"取景器"，就是自制一个小框子，他们可以用这个游戏的方式来看很多细节，也消耗更多的精力。这个取景器不要太大，大概内框6厘米×8厘米就可以了，卡纸、纸板都能做。当然也可以用手来做最方便的"取景器"。父母可以示范一下，如何拉开和拉近距离来观察比较复杂的画面，并且和孩子一起看。在选择详细观察作品的时候，建议找一个相对独立陈设的作品，这样周围的干扰会少一些。

关于看展的交流，很多家长会问很典型的问题：这个画的是什么？怎么说呢？很多当代作品其实可能看不出"画的是什么"，而且这个问题问完之后也再无可问。和引导孩子画画一样，可以把刚刚的观察用开放式的提问分享，也就是不用是和不是来回答的问题，只有这样对话才能继续下去。还有，问的问题不需要艺术背景专业知识也能回答，这样可以听到孩子更多的想法，甚至可以听到对作品更有深度的想法。

从小的细节问题开始：你看到了几种颜色？你怎么描述这些颜色？你觉得这是一个什么主题的作品？还有一个最好的问题就是：你注意到了什么？答案没有对错之分，每个人看的角度、观察的重点是不一样的。比较具象的观察之后，可以有关于作品背后意义的探索：作者创作的时候，你感觉他心情怎样？为什么？很多时候，这样提问之后，你会惊讶于孩子的洞察。当然不要忘了追问：还注意到了什么？还有呢？在国外的美术馆看到孩子们的实地考察（field trip），一群孩子坐在地上，纷纷举手回答的画面让人嫉妒。有没有发现我们的孩子更多的是带着写生本在临摹？临摹当然很好，可是**看得懂，能欣赏，从自己的经验和角度探究艺术的意义真的比画画本身更重要。**

我们曾经组织十个左右的家庭，带着孩子一起看了中央美院的2016年毕业展，本科生的展览琳琅满目，不同的学院和专业的作品占满了整整四层展馆。看这个展览的目的，更多的是希望给孩子一次可以了解很多艺术形式的机会。由于布展结束和看展时间中间只有一天半的时间踩点和准备，我们选择了比较有代表性又适合路线的十个作品，拍成照片，又设计了工作纸，作为孩子看展的引导以及任务的指示。在现场，其他带孩子看展的很多家长纷纷询问这个是哪里来的？因为现场太过琳琅满目，而作者又大多是新晋毕业生，其实并没有太多背景可了解。

平时父母单独带孩子去看展，虽然没有机构那么专业，但是也可以带上一些纸和笔，看到喜欢的就画下来，这个画未必是临摹，也不需要像，只要是特别的角度或者发现不同的细节，也可以让孩子用手机把自己喜欢的展品拍下来，说不定会有惊喜。

好的公众教育项目面向小孩子，会在美术馆、博物馆有很多有趣环节的设计，或给孩子任务，让"看"展活动更有趣，不过毕竟现在这样的项目很少，建议父母可以给孩子设计一些简单的任务，然后给予一定的奖励。这要根据环境和展览而定。除了口头"寻宝类"的游戏，也可以用标明藏宝图位置等方式做出来……发挥你的想象力吧。

放松体验就好

美术馆教育在中国如雨后春笋般涌现,我的一个朋友在南京就做了这样一个机构。和传统概念中的"讲解"不同,他们设计的博物馆项目重视体验、感悟和灵感迸发。创办人张晓扬毕业于剑桥大学,她发现,在英国越是好的学校就越组织很多的外出活动,博物馆、美术馆都成了孩子们的课堂。张晓扬认为他们的活动更容易激发孩子们的主动发现和学习。她说:"我自身多样的求学经历和多年观察及实践让我意识到:儿童时期的孩子如果能够有多样化的、书本之外的阅历,那么他在青年时期就能对自己、对社会有更加深入和清晰的认识,更容易达到自己想要达到的目标……"

再说一点给大家宽心的话,我家两个孩子虽然小时候看展比其他孩子多一点,但基本上都是冲着开幕式的点心去的。小孩子看展真的不太会像大人一样,因为是大师就心生敬仰,但这样的环境至少让他们对艺术是不陌生的,影响是潜移默化的。我认识的很多艺术家也会带孩子去开幕式什么的,但是也大多任由他们和同龄小朋友玩耍。我想更重要的是,从父母喜欢上艺术开始,去美术馆不是一项"任务",即便有组织的活动中,我们要找到任务卡上的作品并且找到作者名字等。有些孩子的妈妈对"任务"非常关注,急着完成任务卡上的工作,反而忘了好好看看作品,这就本末倒置了。因为在结束的时候不会有评比,每个人从展览中都有不一样的收获。就像在之前提到的毕业展上,一个很有趣的装置是黑色的房间里有一个胎儿的硅胶雕塑,孩子们对"回到妈妈肚子"的体验非常激动,在投影墙前面,和肚子里的胎儿一起跳动,希望和这个宝宝一起再"重新生出来"……很多从身体到感官的开放吸收和体验的本能，是我们成年人已经失去的。

每次组织看展活动踩点的时候都不由自主地跟同事说，好像我的看展极限就是两个小时，因为实在是个体力活儿同时也需要消耗很多的精神。所以每次看到那种"带孩子去博物馆待了两三个整天"的分享文章的时候，不必给自己太大的压力，关于时长也是没有统一的标准的。

很多妈妈朋友看了这本书的目录，都说喜欢这个"逛美术馆和超市"的类比，不拘泥于时间，就是抽空可以一起去做的一件事情，有充分的准备当然好，没有准备，一时起意也行，半小时还是一整天，看心情，和孩子放松地去一个新的地方探个险，看看有没有什么新的发现。放松些，一起的经历就是好的。卢浮宫的雷瑟女士就提到，卢浮宫面向儿童的观展活动一般五十分钟到六十分钟，含参观在内最多不超过一个半小时。而在所有的活动规划中，他们最重视的是对孩子舒适度的关注。我们的放松就以此为依据吧。

之前曾经邀请一位策展人妈妈董菁帮我写美育文章，她常常带10岁的孩子去各种艺术家聚会、展览，她最初以为孩子对这些不感兴趣，因为孩子只是在现场各种疯跑，但在孩子后来的创作中却发现其实是受到很大影响的，画里很自然地用到了去过的展览里面艺术家的元素以及绘画的方式。而这个孩子在给妈妈讲述自由创作的时候，也会提到看到的哪个作品影响到了他，虽然妈妈完全没有看到他在作品前有过任何停留。

把多样化的体验、丰富的阅历带给孩子，给他们一点时间吸收、回味，放松，再放松些。

闭上眼睛看见自然的美

引领孩子发现生活之美，不应该是一个很辛苦的工作，它越发重要是因为在世界的主流声音"成功者有理"的背景之下，用美和艺术激发儿童"精神力量"的发展成为必需的。

儿童应该去发展这样一些能力，与自然、他人、社区建立充满生气和活力的关系。而通过艺术的眼光去发现、去感受、去解读世界，了解后面的意义及可能。再次重申，不是灌输给孩子我们现成的"知识"和"观点"，而是尽可能和他一起去发现。在这个过程中，我们也和孩子一起发现更多的潜能，收获生活的乐趣。

和很多领域一样，自然教育也有不同的实践和体系，但殊途同归，目的都是为了更好地建立与自然的联结，同时给参与的人更深刻和完整的生命体验。**我们要去建立联结和努力认知的是整体的自然，而非零散的自然知识碎片。**

打开吸收美的感官

自然教育本是生命和美的教育，因为生活方式和自然的疏远，就需要用自然教育来设计有目的地"重建和自然的联结"，而其中有三层关系的重建：人与自然、人与人、人与自我。

自然体验师妈妈黑黑说："到自然中去，看花，就是一首诗，非常优美。多带孩子到自然当中去，那种美会浸入进来，不用强调去提炼什么，熏陶很重要。"

一棵树的发芽、抽枝、开花、枯萎；一条河流的舒缓、湍急、回转、干涸；日月星辰的闪耀与暗淡……自然其实一直在"运动"中。自然教育对我而言，是和更多的人一起知觉到这样一种超越了人类掌控的亘古不变的运动,从以"我"为中心的思考窠臼中跳脱出来。克里希那穆提对听他讲话的人提出的唯一要求是:"请用你的整个存在,心怀热情地全身心倾听……"如果自然会说话,或许也会提出这样一个要求。当静下来打开心门,全身心地在引导之下倾听自然这位老师的时候,一起探究和探索,让我终于关注到身边这场一直在进行的源源不断的自然的"运动",从琐碎和日常中一点点剥离,置身于一个"新"的宇宙。

有素不相识的妈妈留言说:"接触自然是孩子们最自然的成长方式,他们在自然中可以获得身心健康……健康的体魄,发现生活中的美,保持对世界的好奇心,是具备把握幸福能力的必要条件。"

自然只有每个人自己才能够去体味,自然是所有人唯一共同的老师。即使身在室内,我们依然无法切断和自然的联结,窗外刚才轰隆的雷声来自自然,环顾房间四周,桌椅摆设、生活用品、原材料也无一不来自自然。爱自然和到自然中的次数未必相关,和你的生活方式相关。所以即便认同"到自然中会有美的吸收",方式和理念的不同还是会影响到孩子。因为我们已经太过习惯于去理所当然地"消费"自然,笃信用钱可以换得的没什么不可以。

长期的生活经验,让我们对很多事物的判断以是否对我有用为标准,有利用价值的就是好的,反之就是坏的,要被丢掉的。在一个经典的自然游戏环节,我们让"写字楼生物"在荒地里寻"宝",任何自然物:木棍、石块、蚯蚓屎、蝉蜕、羽毛、无名小果子……

当大家知道是用这些"无用之物"进行创作的时候,看待这些事物的目光就转变了,它们成了创作的素材和工具,成了表达自己的承载通道。果然每次做这个活动,都会有人用自然之物搭建一个小小的自然生态系统，环境和材料就给了我们这样的灵感启发。分享的时候，大家都会对自己的小小生态系统做很热情洋溢的详细诠释。

以人为中心的消费形态是把人和自然割裂并对立的一种角度。英国大气学家詹姆斯·洛夫洛克（James Lovelock）说过："地球是活着的！"他在20世纪60年代提出的盖娅假说影响越来越大，核心思想是：地球是一个生命有机体，而人类是这个有机体的一部分。如果从这个角度审视我们的思考和日常行为，可以有很多改变的机会。

关于对自然的解读，我们也会听到很多从人的角度出发的，比如"杜鹃会把蛋生在黄鹂的窝里，然后小杜鹃出生后会把黄鹂的蛋推出巢外，黄鹂妈就一把虫一把口水地喂养别人的孩子"。我家大宝曾经读过一个关于杜鹃、黄鹂的故事，刚讲到一半，他就用书里的观点说："杜鹃真坏，小黄鹂好可怜……"自然中一切的存在或许都有理由，在完整的生态链条中，万物唇齿相依，不能仅仅以人类的情感来看待。虽然孩子们暂时或许无法完全理解，但也无须给出这样非黑即白的局促解释。一些绘本用所谓拟人的方法来解释自然界的现象，不仅没有开启和激发孩子的想象力，反而用局限的观点制约了孩子理解自然。

遵循自然伦理是美的底线

很多家长都有带孩子去大自然玩耍的经历，为什么还需要自然教育呢？并没有神话自然教育的意思，体验过之后，会了解和体味到，这和学校春游或通常的周末举家出游截然不同。

很多教育结果是无效的，归根结底在于教育的过程就是无效的。"有效的"自然教育，首要的就是对自然伦理的遵守。当我们带着大包小包、吃的玩儿的，是否只是向自然来索取和"消费"

它的？我们很开心，其他都无所谓了？或者由于认知的局限，而无心做出一些会伤害自然的行为。

每年寒暑假，看到各种各样的冬令营、夏令营，奢华国际范的和国内特色游的，家长可以适当了解一下，在孩子们即将去的这些各色项目的设计，是否考虑到对自然的影响，是否遵循一些自然伦理的基本原则。而这更多地不仅在营地的说明中，父母的行为也可以直接影响到孩子。在一次户外烧烤活动中，主办方准备了不同类型的可回收和不可回收垃圾桶，父母活动休息场所也布置一新，植物充满生机，但一场 party 如同一场浩劫，吃剩的食物和用过的纸巾遍地乱扔。在追着给孩子喂饱食物的过程中，有没有想过在自己装修整洁的家里也会如此？

对于自然，我们是无知的。了解我们认知的边界，才不会仅仅从"如何为我所用"的角度思考，也才会认识到人类贪婪地从自然索取其实是多么的短视。前几周，我和孩子们一起看了一部纪录片，在亚马孙流域充满着那么多未知，那么多的秘密，镜头捕捉的奇异世界让水泥丛林中生活的娃不断惊呼。在"人定胜天"的狂妄中逐渐苏醒的人们，重新建立与自然的联系已经很紧迫，**企盼可以有更多的孩子能够有机会和爸妈一起，体味到自然的美，学会与自然、与他人、与自己相处。**

2016年的中秋，我带大宝、小宝去参加了盖娅自然学校的生态建造课，其实就是连续三天在户外和本地的师傅们修建大地厨房，搅拌黄泥、砌石头、垒砖头，孩子们推着独轮车去小山上采花生藤喂羊，下大雨的夜晚住在帐篷里，鞋子不小心被小狗叼走……虽然每天累到没办法洗澡，孩子们已经"臭不可闻"，但在他们向朋友们描述自己经历的时候，脸上的兴奋以及不断强调要让后来者知道他们才是大地炉灶的建造者的自豪，让我非常欣慰。在另一次夜行的露营之后，大宝在关于秋天主题的作文里写道:"秋天是虫子最疯狂的时期,是臭大姐的时代……"他还研究了无处不在的臭大姐这种虫子:"翅膀打开是火红的,关上的时候是灰色的,有些黑点点……"

自然教育的目的是重新建立起人和自然的联结,当然前提是这个联结已经断掉了。从前没有自然教育,我们的祖先是不需要的,因为他们就生活在自然中,是自然的一分子。我们本就从自然中来,异化的城市生活方式,不断对物质的渴望,想要更多、更新,人为消费而创造的各种"理念"割裂了我们心底与自然的联结。

放下"消费"自然的理所当然。像孩子一样打开感官感受自然,感受平静,真正看到自然的美。就像移居到山间的一个喜好插花的设计师妈妈,她说山间野花的肆意生命力让她赞叹,每一株都是如此不同!

精神层面的表达是人区别于其他生物的,我们特有的"移情"功能,赋予意义的功能让我们脱离了动物性,也有了自己的行动标准。比如狩猎,我们的行动标准曾经是"不吃三月鱼,不杀三月鸟";比如西雅图酋长的宣言:"天空、阳光、雨露、微风是属于整个世界所有人的,不是某个人私有的,是无价的,怎么能买卖?"……

自然教育中通过环节的设计,短暂地强化自然对人的"价值",而这份价值感的持续以及转化成生活中的自然则是漫长的过程。艺术也同样是对个体体验的尊重,在没有唯一正确答案的艺术教育创作体验里,个体的价值再次得到彰显。一旦看待儿童的方式彻底发生改变,我们对待他们的方式就自然随之改变,而不是学到哪本家长手册或某个训练的一二三步,孩子自能分辨这份尊重是否自然流露。

但就如同前面所说,这份正向积极的体验,会在一个生命中逐渐积累起来，逐渐形成对自己的认同，对社会和自然的"正念"，给人生带来细微却长久和根本的改变。**无条件确认自己存在的孩子，人生才会不同。**

自然给我们美的灵感和原料

就像大宝给我总结的，他说他很喜欢自然，他们兄弟二人都是自然之子。但他强调，他不喜欢那种大人一本正经讲地"自然就是……"而喜欢"在自然里面生活和做活儿"。帮你翻译一下，他喜欢的就是要人在自然里而不是在课堂上听讲的自然教育。是啊，那么多艺术的灵感和材料都在自然等着我们呢！

大家平日可以看到很多用自然之物做的小手工，最常见的是树叶贴画，秋季里孩子们的最爱。任何一种自然艺术都尽量不用伤害自然的方式获取，每个植物有自己的生命始终，我们不必为它做决定。除了去郊外的自然，关注身边自然的变化、四季更迭是更应该的"工作"，时间充裕的话，走过一条楼下公园的小路，看看每天的变化，甚至只是常常看看天空。做自然笔记是个很好的习惯，记录和画下眼前的自然，哪怕只是桌上的一株小小植物。

培德书院沿袭了中国台湾道禾的教育理念，以节气为主线，引领孩子们与自然的联结。我去参观的时候，刚好是秋分的前一天，在学校的大厅和每个班的门前等公共区域都在"晒秋"，玉米、辣椒、稻草人，老师用这些季节的自然之物，带着小朋友设计晒秋的主题陈设。关于收获，关于丰盈，本来不是一个抽象的概念，而是这些沉甸甸、金灿灿的秋之果实啊！

我曾经带邻居的孩子们和妈妈一起"重新发现楼下的小公园"，一个被广场舞阿姨们占据一角的公园也被我们玩儿得热火朝天。妈妈们甚至比孩子还开心，美好不就是发现每个日常的小确幸，和孩子一起欢笑和心意相通吗？

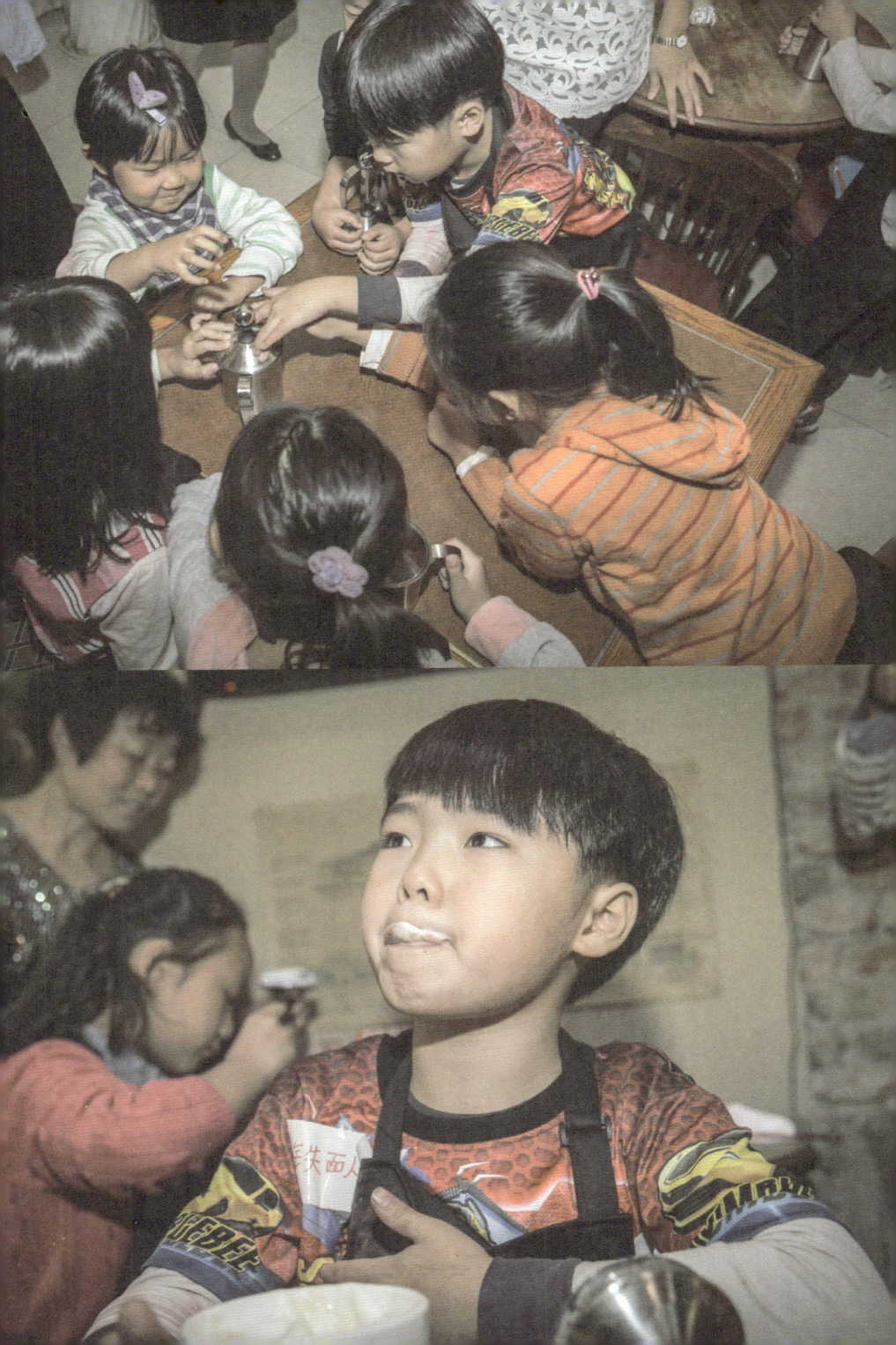

在一次小型的家庭美育沙龙上，著名的绘本推广人和翻译家猿渡静子提到她翻译的一系列美育绘本。她也分享了自己的经验，在孩子越来越沉迷于游戏和电子设备的时候，她觉得和孩子越来越疏远。她每天接到孩子放学的时候会经过一条路，路边长满两排茂密的树，于是她开始和孩子每天路过这里都有意识地观察植物的变化，刚开始孩子并不感兴趣，但时间长了，自然的力量影响到孩子，他开始主动地去看，去发现，刚出现的蜘蛛网，新出的嫩芽……

在我的自然体验师培训上，我们去参观了清华大学建筑学院的一处用朴门永续的方法改造的花园，没有移植的珍奇观赏植物，生命顽强，但品种丰富的野草和水生植物在秋风中异常美丽。雨水从天而降，进入软化地面的池塘，这些小小的"海绵"将雨水接纳回归大地。与自然的和谐和钱的关系不大，而是人文情怀和放下人类主宰一切的姿态。已经有无数的实践证明，人和自然的和谐是有可能的，也是最美的存在。

几年前和一位艺术家妈妈一起做过大地艺术的创作，这是一种以自然为媒介的创作，也是很重要的艺术门类之一。孩子们和妈妈期待已久，每个人准备了满满一大袋落叶，还有妈妈把叶子精心夹在厚厚的书里压平，按照颜色分门别类存放。孩子们以大地和树干为背景，用彩色的树叶做颜料和画笔，自由挥洒。**孩子们意识到自己的作品要留在那里，交由大自然去处理，让他们更加懂得，来自自然，归于自然的质朴真理。**

从自然学校归来，孩子们在家里也很虔诚地餐前感恩："感谢天，感谢地，感谢万物众生灵"和宗教无关，是**自然的美丰富了他们的心灵，看到食物的来源，接收到自然的密码，与万物众生联结。**

带着幽默感和孩子解构都市

我家大宝3岁的时候把T恤领子扯开来露出一边肩膀，说："我是美女。"在一次去体验英语课的写字楼里，路过一间美容店之类的店铺，他指着门口易拉宝上图片问我，为什么美女穿得都很少？我们所处的社区，每天生活的环境里都有不同的视觉艺术、符号铺天盖地围绕。即便我们本能地希望孩子可以对某些东西更少地吸收，这些流行的、商业的视觉环境还是潜移默化地在渗透。身处其中，父母如何引导，发现意义，利用环境帮助孩子探索社会意义，值得更积极地探讨。因为我们不可能把孩子完全从社会和周围的环境中隔离开来，**我们能做的就是帮助他们养成思考的习惯，而非被裹挟**。

即便环境未必那么如你所愿，带着幽默感和孩子去阅读和解构这个世界，他带来的角度也将大大出乎意料。

视觉环境对行为的影响

有两个例子可以说明，视觉环境对人和社区的巨大影响。

华裔艺术教授叶蕾蕾在滨州艺术大学环境艺术系执教了近三十年，并获得了终身教授职位，可是她做了不一样的选择，来到全美最贫穷的社区之一——北费城的非洲裔社区，建设"怡乐村"（The Village of Arts and Humanities）。她在一片片破败废弃的房屋和环境里画彩图、种花草，用艺术和创造力召唤那些沉迷于毒品的居民，游荡街头的孩子。现在，怡乐村的十四个公园里都能看到社区居民和小朋友的集体艺术创作。这成了社区改造和艺术人文理想付诸现实的典范，类似的行动也延伸到世界各地。

另一个故事则来自中国台湾，就是现在已经成为台中旅游胜地的彩虹村。故事的主人公是彩虹爷爷，和叶蕾蕾教授不同，彩虹爷爷是一个艺术零基础的普通老人家，因为居住的眷村日渐萧条，对这里有着深厚感情的彩虹爷爷走出家门，将整条巷子变成他的超级大画布，每天从凌晨就开始画。日复一日的创作，让原本寥落的老社区摇身一变成了梦想中的童话世界，吸引了社区附近的大学生、摄影爱好者来此参观，也让彩虹村在网上爆红。从未学过艺术的彩虹爷爷的画被认为有一种原生态的美。

美对人的行为和意识的潜移默化的影响，视觉文化、视觉环境的社会意义就蕴含在其中。虽然这两位职业身份各异的华人老人家出于完全不同的发心，但他们获得的认同却证明了艺术所具有的超凡力量。**艺术和美，完全可以使一个人或者一群人的生命，重新获得意义和价值，它对生命和社会的心理修复能力，已超越了单纯的艺术范畴。**

在我们生活的环境中，视觉艺术已经越来越多地承载着信息传递的功能，孩子受环境的影响更大。我发现孩子和成人在"阅读"视觉承载的意义上，有极大的不同，就如同欧洲童书大师埃尔维·杜莱说的："我通常在创作时想到的不仅仅是孩子，而是孩子将和成人一起分享阅读的那个瞬间；一个融合了两种认知、两种眼光、两个截然不同世界的瞬间，孩子可以自由阅读，而成人却无法做到。"是的，即使是不识字的孩子，在面对视觉符号和文化承载的同时，也在自由自信地解读自己获知的信息。孩子在这些瞬间探索、发现，思维犹如探照灯不停地闪烁；成人则在这里无所不知，充当着信号灯的作用……

儿童面临的视觉挑战

在1985年出版的《娱乐至死》中，尼尔·波兹曼预言，随着媒介传播方式的进步，大众越来越将感官停留在大脑皮层。他的预言放到当下的环境中就是：在这个空前便利的数字媒体时代，我们比任何时期接受的信息都多，也比任何时期都肤浅。

文化越来越多地以视觉方式呈现。在我合作过的一个青少年视力保护机构的宣传册上，有一句话："80%的信息来自眼睛。"一位和我一起去云南的资助人给孩子们讲话时说："你们好幸福，出门就是风景，课间放学都可以到外面好好休息眼睛。"她当时不知道的是，家访中问到的孩子们，周末放假在家几乎用全部的时间看电视、玩儿手机，和城里的孩子没什么两样。甚至，由于他们没有什么兴趣班、特长班，用来看屏幕的时间可能比城里的孩子更多。

第十届慕尼黑数字生活设计大会发布数据称，除了睡眠时间，手机用户平均每六分半钟看一次手机。这些电子方式呈现的视觉形象和资讯，给孩子们带来更多的间接经验，而儿童早期还是应该尽可能地丰富感官的第一手体验，对于那些引导幼小的孩子到屏幕前面的所谓"教育创新"，要保持谨慎态度。

儿童心理学家莱维克多年研究儿童人物画的影响因素，他发现电视、录像、网络等因素改变了儿童画中的原有的性别特征"标准"。"20世纪60年代的时候，大部分7岁儿童都画棒形男人和女人。70年代之后，7~9岁的儿童在儿童画中的性别特征运用更早，因为当时电视节目表现了大量的性别差异"。

一个普通人每天可能看到3500个左右的商业形象。我们怎样帮助孩子成为对视觉形象具有批判力的消费者呢？他们看到及思考信息、意义、商业广告视觉的含义，还有电影、电视、网络上的信息。这些视觉的形象影响了个人和集体的身份，成为文化叙事不可分割的一部分。两个孩子因为在餐馆之类的地方看到MV的播放，每次路上看到跑车，他们都会很夸张地尖叫：

"哇，美女！"当然，很多时候他们也都是正确的，的确，通常都有美女司机或在副驾。我们可以当成笑话，但也值得思考，MV传递的视觉信息是被孩子不经意地获得的。我们当然不需要班队会那样"纠正"他们，**父母最无效的教育就是否认周围的环境，试图把孩子放在真空里**。试想我们小时候，有多少时刻在小心翼翼地配合扮演那个小孩的角色。不妨开放地讨论这些话题，先听一下孩子真实的想法是什么。

显然，人类社会已经从口语和书面的交流转移到以视觉为主的交流，比如各种视频和直播的火爆，伴随逐渐增加的视觉图像的商业化，教育是否应该按照传统做法继续传输文化？它是否应该防护孩子，抵御文化？

我们和孩子生命的大部分时间在建构的环境中而非大自然中度过，这个构造出来的人工环境无处不在，孩子们接受的是越来越多的间接经验，视觉的平面和视频甚至热门的 VR 技术。为了在当代文化中成功，孩子必须学会"阅读"和解释这个环境，并且逐渐学会找到和运用视觉符号来表达。

当然这个新的趋势也有乐观的一面，一方面相信人类的适应性，另一方面，在教育领域更多视觉元素的使用，可以更好地开发和使用右脑，甚至可能激发出前所未有的学习能力。我们的教育一直过分强调线性的、逻辑的分析性思维的重要性，教育的内容也侧重在读写和计算上，人类的大脑实际上只开发了负责理性的左脑那部分，更具创意的、发散的、全息性思考的右半脑长期闲置，这是智能的极大浪费。艺术创作和设计的过程并不过多依赖语言和计算，而是主要依赖非语言的模式，多使用图形、线条、色调、光影、空间、材料进行沟通，激发思考。这个过程有助于促进形象思维的发展，使人变得更具创造性，使人不仅能够分析"是什么"，还可以畅想"可以是什么"。人类的未来或许因此才具有更多的可能性。

一起解构商业视觉文化

为生活而艺术,除了高雅艺术、纯艺术,美和艺术的教育不是隔离于生活之外,不是只发生在美术馆里。孩子们全方位吸收的心灵,随时捕捉信息的感官,正在他们小小的脑袋里快速地连接,赋予意义,形成他们的想法。所以不要忘记涵盖更广泛的艺术种类(不情愿称为艺术,就用文化代替),理解当代社会的文化符号,不仅仅被引导处于被动的角色。也用这样的方式给孩子们一点点独立判断与思考的训练,不会仅仅为了"土耳其软糖①"的诱惑而放弃自己。

估计涉及这些商业力量支持下创造出的视觉,你已经不想从哲学美学的层面探讨,是不是"艺术",能否称得上"美"。从文化的角度看,这是不可或缺的影响孩子成长的氛围。我曾经在4A广告公司有过工作的经历,压力之下,工作中最有趣的部分,就是和创意的同事一起讨论如何将策略中的核心信息通过创意潜移默化地传达给目标受众。是的,对于他们来说,你就是目标。比如所谓的"3B"原则,黔驴技穷的时候,用上创意的3B原则就不会错得太多,美女(Beauty)、婴儿(Baby)、动物(Beast),就是更加容易吸引注意力,令大多数人无法抗拒的元素。

这份工作留下了一个个人的"小爱好",就是看到广告(以及各种新的传播环境下的资讯)的"逆向模拟",解构这个信息背后的核心意思是什么?希望谁看到听到?希望对方的反应是什么?目的是否达到?这不仅是工作习惯使然,更多地也可以看到"出品"

---

① 土耳其软糖:《纳尼亚传奇》里,男孩爱德蒙受到白女巫的诱惑,为了得到土耳其软糖而出卖兄弟姐妹。

这个信息的设计者和决策者背后的价值观、文化背景，等等。后来孩子逐渐长大，也参与这个"阅读"和"解构"游戏。而且有他们一起，乐趣更多。尤其是还没有识字的孩子参与游戏中的时候，会有很多意想不到的趣事发生，而且有的广告主听见后，真的会哭晕在厕所里的。

　　无法隔绝的是，当代儿童沉浸在闪现影像和多元符号系统的世界当中，他们面临的挑战是应对日益复杂、混乱的环境。在外一章的《五个家庭艺术"实验"》里面，我会详细介绍一下这个视觉信息解构的玩法是怎样的。电梯里、公交站牌，很多碎片时间都可以玩儿，**孩子其实会给我们习以为常的生活，逐渐固化的思维模式带来很多启发。育儿这件事本来就比较难以分清到底谁的收获和成长更多。**

　　包围我们的很多视觉信息，更多的是功能化的设计，和艺术已经连远亲都谈不上，有些更勉强，和美都没有关系。但正是设计者美和艺术的素养决定了这些视觉信息的水准，孩子们既然被这些视觉的符号包裹，我们就可以稍微给他们一点思考，这些符号试图在传达什么给我们？就像看过贝贝熊系列的一个故事，孩子们明白了"有时候广告会夸张"的道理。多次分析这些视觉信息之后，他们也会思考，问题从"你看到了什么"向"你觉得它究竟试图让看到的人做什么"递进。**在视觉环境包围中，如何帮助孩子觉知到利害，对当代父母是个挑战，也是个必需的功课。**

　　通过对视觉信息的解构，来激发孩子对视觉作为介质的掌握，在无数流动的信息当中一个剖析、评价，也是个极好的机会。用家长的价值观影响到孩子，和他一起讨论大众传媒所维持的某些价值观，而不是以阻隔和忽视的方式假设孩子不会被影响到。

　　通过对艺术和每天接触的文化领域的视觉艺术的讨论交流，

丰富孩子的个人和社会经验，在对"第三主题"，也就是不直接涉及亲子的话题，讨论更为放松、开放，没有唯一答案。而且这样的讨论对孩子来说自然而然。就像我家小宝看到一个小动物的图片，会问我一个问题："它的妈妈去哪儿了？"看到一个视觉艺术，根据自己的经验交流和对话，他需要的不是答案，父母可以通过对话和反问来和他们一起探寻、扩展意义。

艺术教育有机会可能抵御潜在的社会中，由通俗艺术和广告所构成的操纵媒体的影响。早期在对孩子还更有影响力的时候，一起来和他"研究"、讨论围绕我们的文化商业视觉的元素，适当有效地引导，把美好、正义、朴素的价值观早期种进孩子幼小的心里。这不是家长要奋起对抗外部世界，而是和他们一起用寻找美的眼睛和心灵探索世界的过程，随处都是教育的机会。没有对错，每个人都可以有自己的解读和思考以及创造。

7

创造家庭
共有的情感记忆

  和孩子之间的情感传递除了语言,还有艺术,和孩子一起的创作远不止亲子陪伴。建立深层次的交流,彼此更懂对方,一起解决问题,创造只有你们才懂得的家庭语境。

  这些不经意的共同创作,貌似记录的都是平淡日常,回头看的时候才知道,留下的都是最好的时光。

艺术是和孩子心灵交融的纽带
和孩子一起创作是种什么体验
零基础爸妈也能让孩子爱上艺术
建立秘密的艺术家庭语境

艺术是和孩子心灵交融的纽带

用艺术和美帮助父母建立这样的内在联结,提升孩子的幸福感,比如共同的审美和创作体验,家庭共有的美的体验和经历。这个内在的联结可能比仅仅一起外出、享用晚餐、赠送礼物有更为长久和深厚的影响和记忆。

就像美国已故小说家大卫·福斯特·华莱士(Daivd Foster Wallace)所说:"教育的目的不是学会知识,而是习得一种思维方式——在烦琐无聊的生活中,时刻保持清醒的自我意识,不是'我'被杂乱、无意识的生活拖着走,而是生活由'我'掌控。学会思考、选择,拥有信念、自由,这是教育的目的,也是获得幸福的能力。"既然以一生为目标的幸福,不妨按捺住急躁,在艺术中真正找到意义,获得疗愈。唯有父母发自内心的热爱,才会传递给孩子。

老生常谈之必须再谈:"人人都是艺术家"

对于"零基础"的父母,做些什么,才可以达到自己和孩子都自如和享受的状态?在每个家庭艺术活动中,父母沉浸其中、乐在其中,是衡量成效的晴雨表。因为父母的自如自在所带来的氛围,比艺术品本身给孩子更大的影响。

一个当年是学霸的妈妈朋友和我一起画了两次画之后跟我说:"孩子爸爸一定要把孩子送进家门口的一个儿童美术班,我去考察过,那些简笔儿童画真的不能学啊。"有趣的是,同样的话我其实一两年之前和她讲过,但她好像并没有理解,我实话实说,抨击她给孩子买简笔画书,她还挺不开心。但在自己动手画了一点点画之后,她就全然接受且内化了这个想法。她说:

"去看了那个美术班,小孩子的画线条僵化,完全无法接受。"很多时候,如果我们只是旁观,是无法真正体会到的,体验还是最重要。

2014年北京有个博伊斯的文献展,这个突破性的人物最大的贡献就是这句:**"人人都是艺术家。"** 很多时候,艺术和生活的边界并不泾渭分明,只要你想,就可以过艺术家一样的生活。比如随时在生活中"创作",这个创作未必是画画,可能是在自己所处的环境和领域中创造性地解决了一个问题;可能是生活中的一次不循规蹈矩的探索,比如刻意出位的一个衣服颜色的搭配。博伊斯曾经组织了七千人植树,还有很多打着"实验艺术"之名的艺术家,通过和公众的互动延续阐述这样一个观念。

2015年春节,我们在微信群里组织了一系列旅行中的艺术创作小活动,其中一个是关于年兽主题的爸妈一起玩儿艺术。在给孩子讲过了年兽的故事之后,我们鼓励大家设计一款自己的年兽(本来就没人见过,眉毛胡子一把抓的几不像)。其中有一家三口正在回老家的高铁上,全家听完了年兽的故事,拿起手边纸笔就开始创作。妈妈先后秀出孩子和爸爸的风格迥异的年兽形象,之后群里的人很期待地说,想看到妈妈的作品,她谦虚(又令人失望)地说:"我不会啊!"其实爸爸显然也是很久不画,他的作品并不比5岁的孩子高超很多,妈妈的不会在这之下。当然妈妈有画与不画的自由,但总是觉得,如果让孩子看到一直醉心教育的妈妈可以参与这种"胡闹"似的创作会很开心,也更能拉近母子的距离吧。

父母艺术的行动,将远远比作品形式本身更有价值! 更何况,你本来也是艺术家!鲍勃·迪伦在自传《像一块滚石》(*Like a Rolling Stone*)里写道:"倒不是因为我自认是大画家,而是我感觉在绘画时,我能赋予周遭的混沌以秩序。"音乐、诗歌、绘画，艺术本来是相通的，关键在于你是否走出自己的"舒适区"，做一点小小的"冒险"。

艺术创作本是"自然现象"

一个妈妈朋友听了很多在线教育微课，关于艺术的、绘本的，不一而足，她在总结的时候说："这些课程很多都提到了原始人在山洞里画画……"是啊，创作本来是人类的一种"自然现象"，谁说只有专业人士、艺术家才有资格去做呢？

认知我们周围的艺术原理和影响，使我们的世界更有意思，更适合居住。艺术就是我们每天面对而且必须感受的生活的方方面面。我们的生活与艺术相伴，因为其原理遍及我们生存的世界。确切地说，**审美体验为我们提供了一种赖以对自身进行感知与交流的方式**。这有别于其他感知与交流的方式。

我在美国短暂工作的时候，实在抵御不住每次看完画展的创作欲，于是在厨房开始"创作生涯"，手边有什么就用什么，大米、黑豆等混合材料都和油画一起用，最有意思的是一幅混合了"编织"作品的油画被一个朋友收藏，这个朋友执意要买下来，算是我的小小"艺术高峰"。对我而言，这个创作是对混合材料的探索，有一种"不画不足以平复"的心情和状态，而这个状态和买画的朋友的状态又是完全不同的，她当时因为处在一个生活的转折期，一双儿女纷纷上大学、出国，她即将开始空巢家庭的生命周期，对我的作品解读是完全基于她当时的生活和心境。她问我这幅画的名字是什么？坦白地讲，就是觉得用这样一些材料组成一个作品很有趣，作者没答出来，她说："我给这个作品命名为 Me。"一个白色丝线编制的小人儿固定在绿色油画背景上。我喜欢这个解释，因为她可能是每个人的 Me，每个 Me 的故事都不相同。

从这个过程中我发现，很多时候我们太过纠结于画的是什么，表现的是什么。潜意识期待一个权威答案，但其实"创作"是一个阶段；解读的工作则是另一个阶段，由于背景不同，经历不同，解码和编码未必是一致的，但这也正是艺术能够带来的惊喜之处。作为欣赏者的解码其实可以看作整个过程的重要一部分，如此倒也不必一定纠结"正确"与否。

艺术创作是一个"自然现象"，是一种内在的心理需求。 从目前越来越流行的"艺术体验店"，可以看到这种需求在消费升级的背景下，旺盛地显现出来。

无论是成人还是儿童，把玩儿材料，把颜料涂抹在画布和纸上，专注地观察一株植物……**这个过程本身就是艺术创作对生命的回报。** 而有过这个疗愈的体验，对于更广泛包容地接受和欣赏艺术更为重要。

珍惜孩子带来的灵感

"艺术是和孩子心灵交融的纽带。"这是2015年在一个妈妈群里做艺术教育分享时，还是不满9岁的大宝帮我想到的主题。我完全不知道他如何想出这样一个"高大上"的主题，欣慰他可以真的感知到我想要表达的内容。我越来越需要听到孩子们的想法，他们的角度和解读让我们的生活充满惊喜和赞叹。我想，能够抛却教育心态，放弃自己的"有限"，才可能收获美好的"无限"。

倩梅是微信上神交的一位非常用心的妈妈，她用编辑的耐心和细心，倾听女儿语嫣的每一幅画作的故事。她说自己不会画画，做不了指导，想象力更要向孩子学。

《摘月亮》是语嫣6岁时画的一幅作品，妈妈详细记下了围绕这幅画的对话。

嫣宝:"妈妈,你看空中的月亮好大。"

妈妈:"是真大呀。"

嫣宝:"回家让爸爸钻到书里,拿一个高高的梯子,爬上高高的山,顺着高高的梯子将月亮摘下来。要是月亮太亮的话,戴一个太阳眼镜。"

嫣宝:"我将月亮切成两半,将自己的秘密放进去,谁也不能打开月亮。

"要是爸爸不行的话,咱们全家人做个机器人,让机器人爬梯子摘月亮。"

……

语嫣6岁《摘月亮》

我问妈妈,画这幅画前后有什么其他事情在发生?妈妈说,估计是晚上跳舞的时候听了星星的音乐,听她在哼歌:"给星星洗澡,痛痛快快洗个澡,小星星在夜空,我们星星讲卫生……"

语嫣妈妈还将很多作品以及充满想象的童趣解读发给我,很想给大家全部秀一秀,无奈篇幅有限。之所以选这张,有几个理由:

1. 独立思考寻找解决方案。语嫣在里面想到了一个摘月亮的主意,又给两个可能的困难提出了解决方案,她在一幅画里思考了很多。

2.鼓励是确认,不是夸张地:"你真棒!"妈妈的对话虽然只有短短一句,却是恰到好处地确认了孩子的发现,也鼓励她继续阐述作品的意图。

3.全家"参与"角色分配。从画里可以看得出语嫣对爸爸的期待很高,可以摘月亮,但同时她也是个很理智的孩子,不行的话,也有办法,全家一起解决。

不知道心理学家会如何解读这幅作品,但对于我而言,这是非常自由和平等的一个家庭,孩子的想法被认真对待,因此她也会更有信心继续创作。

我的两个孩子也不例外,画完画,总是非常热切地给我解读他们的作品,有一阵子,我发现在他们兴致勃勃地解说之前,总会先"愧疚"地解释一句:"抱歉,我又画了打架的内容。"因为我曾经告诉他们:"我们女生对那些变形的机器和战斗不感兴趣。"然后再告诉我这些怪兽和机器的故事又发生了什么。虽然他们依然喋喋不休地讲述自己的作品,但我也要向语嫣然妈妈学一学耐心,给他们更多的确认和鼓励。

关于高宽教育理论在如何倾听儿童对作品的解释的阐述中:"成人不能假定自己了解儿童使用材料的方法或者儿童意图表达的内容,而是要'从儿童那里发现他们正在做什么'。"对父母和教育者来说,要问一些真正的问题或者有意义的反馈(未必长篇大论,而是合适的能够真正鼓励到孩子的语言),产生真实的对话,而不是由成人指导的问答。所以语嫣妈妈重复孩子的发现,就是一个非常好的实用对话技巧。

珍惜孩子的灵感不只是说说而已也要让他们能够感受得到,如此他们会愿意更多地向我们开放他们惊奇的世界,可以和他们心灵交融。

和孩子一起创作是种什么体验

享誉国际，获得诸多奖项的作家、学者和艺术家丹尼斯·J.斯波勒（Dennis J. Sporre）在他已经出到11版的《感知艺术》这本书里讲道，有些艺术作品使人在看到的时候如芒刺在背，其实只是因为论及一件艺术作品意味着跨入陌生的领域。他说："遗憾的是，有些艺术家和一些老于世故者试图让艺术使所有人，除了一小撮精英外，感到神秘莫测。"

每个人都应该也能够自如、自在地接触艺术，理解艺术与人生水乳交融、不可分割。并且使他们懂得如何与艺术作品互动，从而使人生更加美好：对能够看见的，我们看到的更多；对能够听见的，我们听到的更多。我们的生存因此而更加丰富和深刻。如何和孩子一起体验这丰富和深刻，不如和孩子一起从画画开始。

不如一起画画

和我一起参加过妈妈绘画课的佳佳妈妈说："昨天周六，我和佳佳一起听古典音乐，一同画一盘花，她特别安静，也有耐心，觉得很好玩……"佳佳妈妈完全没有绘画基础，对她来说，自己画，和孩子一起画都是非常新鲜美好的体验。佳佳只有4岁，关掉客厅里每天一直在看的电视，孩子也会更加安静和专注。

小暇全家都是艺术家，她更是花很多时间，亲力亲为，做儿童艺术教育，对她而言，画画是一件自然而然的事。"和孩子一起做事真的很美好，不过太忙太累的爸爸妈妈们总是喊时间不够用啊。是的，不过还是需要挤出来。我们一直陪孩子做的一件事坚持得最久，那就是和他一起画画。好像也是自己需要画，嫌孩子在一旁碍事。那个时候真是美好又安静的，全家人一起做喜欢的事，画喜欢的画，时光就这样悄悄溜走……"

著名的教育家陶行知先生说过：**"有创造力的儿童教育，首先要为儿童争取时间之解放。"** 我觉得良好的亲子关系的养成，也需要父母解放自己的时间，和孩子一起的时间不应该在各个补习班、兴趣班的路上，从压力下解放一点，一起散淡一点，画点画，听点音乐，从各自读的书上抬头会心一笑，这样的时刻都是滋养。

最好玩儿的画画就是和孩子一起给彼此画像或者自画像，给他们一面小镜子，仔细观察自己的样子，或者作为他们的模特儿，请孩子画自己，这些都是愉快的陪伴。

在我们的在线妈妈绘画课上，我的好朋友 Wendy 一直在参加，每次在群里发作业都一定是两幅。8 岁的女儿很喜欢这个课程，每个周六的晚上，和妈妈一边听课一边画画，听老师表扬她的作品很开心、很得意。

我问 Wendy，可不可以把她和孩子一起画画的体验写下来，在一个大雨滂沱的中午，收到她微信发来的一段字，在堵车忙碌中，心静下来。

她说："和孩子一起上在线绘画课，才发现孩子对于事物本来的样子，更有洞察力，更符合绘画的初衷。当用眼睛去触摸的时候，大人更容易放不下过往的经验，而孩子，是真的可以做到的。我看着她，觉得陪伴是种难得的幸福，在这个闹腾的世界里，安静地与孩子分享一段绘画的时光，才更是安稳的现世，静好的岁月。"

另一个因为画画而亲近起来的朋友丽丽安也给我写了"作业"，她是一个自称没有基础、没有耐心的妈妈，因为想和爱画画的女儿多一些话题而参加了我们的在线妈妈绘画课。意外的获是后来自己也爱上了画画,用她的话说:"确切地说,是爱上了画画时的那种感觉。"有一段时间,丽丽安每天都会画,陪孩子一起画,孩子睡了,一个人静静地画。

她说:"女儿就像其他孩子一样,喜欢涂涂画画,有些我看着就是她用各种颜色胡乱堆砌的画,她却能说出很有意思的情节来。我就开始好奇,觉得蛮有意思。慢慢的,女儿会问我:'妈妈,你觉得我画得好吗?'或者问:'妈妈,手怎么画?'诸如此类的问题,有时我不知道如何评价她的画,也给不出自己觉得恰当的建议,甚至不知道是不是应该指导或者是教。喜欢上画画这件事情可以消遣时间、发泄情感,可以让自己沉下来,更可以是一种爱生活、享受生活的方式。"

画画这一类的艺术活动是可以留下印记的,父母和孩子们看到作品会直接想到一起的时光。在本书的附件部分也会介绍常用的家庭艺术工具,包括不同的纸笔颜料的特性以及如何做出基本的选择。

拿起画笔闭上嘴

在我参加和组织过的很多艺术活动当中,大多数的父母至少都能以欣赏的眼光看待孩子的创作,但也有一类典型父母的行为则真的让人很遗憾。比如一次去社区的艺术活动,北京的冬天灰秃秃的,很丑,我们带孩子们一起在地面的井盖上创作,装点社区。讲好活动的注意事项,分好笔和颜料,孩子们毫无负担,立马开始画,然而令人遗憾的那熟悉的场景就开始了。

"蘸点别的颜色!""你画的什么呀?""要不要画个边框?""这边再画点!"……这是一个妈妈、一个姥姥,对这个显然想得很明白要画个公主主题的五六岁的小姑娘一秒钟不停歇地狂轰滥炸。小姑娘脾气好,随她们说,自顾自地画,如果评论声太猛烈，就象征性地配合一下。我们的老师听得有点受不了，表示要去和妈妈、姥姥谈一谈，不过被"客户永远对"的物业经理劝阻下来。

另一个男孩子显然没有这个小姑娘的强大内心，大概已经10岁的年龄，孩子在妈妈不断的质疑之下，手握笔刷，面对着脚下的井盖，犹豫着、彷徨着、矛盾着，而妈妈的嘴一直没停过。

艺术家从内部来感受艺术作品，身体表达内心所想。在被不断的打扰，思想被不断的侵犯中，这些抱着"好意"的大人，因为过于关注创作的结果，而忽视了艺术创作本是一个开放的过程。

在另一个我带着孩子参加的儿童艺术活动上，旁边孩子和家长的情景真的快要让我崩溃了。孩子画一笔，家长问一句："这是什么呀？"再画一笔，再问一句："这是什么呀？"态度是甜腻腻的……我真的很想给这位妈妈一套材料，然后她画一笔，问她一句："你画的是什么呀？"如果妈妈忍不住再问，就自己拿起笔来体会一下吧。

有一天出去丢垃圾的时候碰到一位邻居，因为离得近，她家7岁的女儿常来我家玩儿，尤其和小宝相投，过家家，互送礼物，早上一睁眼就互相惦记着。一般孩子们晚上会出去玩玩，回家之后洗了澡，如果没有别的事，我就拿出纸笔颜料让他们随便画画，每次顺手的颜料也不一样。就这样，这孩子也一起画了好多次画。电梯里，这个邻居突然说："我家姐之前并不喜欢画画，好像受了你们的影响，现在非常喜欢，没事也拿笔画呀画的。"这个小女孩并没有参加绘画课，但她妈妈的话让我想起其他妈妈朋友的典型疑问——"为什么他回家从来不画画？"我想最基本的就是孩子们可以不受拘束，没有压力地画，习惯了这样一件事，也就会自然而然地随时发生了。

有个妈妈在分享课里说，人生的堕落是有很多种的，有时候，就是你不再喜欢自己了。瞬间泪目，这也就是我们的小天使会出现，来陪伴我们的原因吧。这些对孩子不满，不断打扰孩子的妈妈更加关注自己、爱自己，不妨加入孩子，一起画画，留下喘息的空间，把焦点转移一下，会发现一个更美好的自己，真的很简单。

留下一些好时光

在家庭美育实验活动上，我们还有过一个设计，就是用橡皮泥捏出一张全家福照片上的每个人，父母可以和小一点的孩子一起，孩子要更仔细地观察家人的相貌和衣着，每个人的大小和位置。这是特别难得的互相关注的时光。在孩子们看到的细节里，也蕴藏着家人之间的爱意。参加这个课堂的一对父子，捏完自己之后，又给两个人加了很多的肌肉，两个非常有力的男子汉形象，合作成功之后非常得意。

大宝5岁的时候，有个阶段会莫名地害怕很多东西，怕黑，怕虫子，梦里的怪物……事情严重到他说："每天都会梦到怪物。"他说：怪物有长腿，尖爪子和牙齿，嘴巴张起来这么大！"梦到怪物，就躲在被子里，不敢起床。后来我们决定，一起把怪物画出来，大宝画呀画呀，最后画了一个鸡蛋怪人。或许和绘画能力有关，但他说就是这个样子的。既然有了"通缉犯"的样子，我们就一起讨论，到底该怎么对付它。全家想了不同的办法，爸爸说："画个笼子把它关起来。"我说："把画着怪物的纸撕成碎片。"……大宝自己的主意是把怪物压到黑黑的沙发下面就跑不掉了。于是弟弟帮忙，把怪物关在黑暗里。再后来，怪物还是会跑到梦里，不过大宝多了很多方法对付它，穿上赛车衣服；用上火焰喷射器；跑得超级快，让怪物追不上……

这段发生在家里的故事，我和大宝一起写了个小故事，然后画出来，当时只是觉得好玩儿。在发生情绪问题的时候，通过画画来一点点找出问题所在，然后让孩子看到我们可以主动做点什么去解决问题，而重要的是，似乎在梦里他都可以延续这个思维方式。当然最后的解决方法是，他有一天告诉我："怪物又来了，它其实只是想跟我一起踢足球，我们玩儿得很开心！"

很多时候，在孩子小小的脑壳里，我们真的搞不清发生了什么，而他们是没办法做到有来有往的对谈，用纸和笔一起画点什么就是很好的沟通方式。多年之后，我很欣慰的是，这个长期困扰全家的非常有压力的问题，用了这样一个方法竟然很奏效。更为欣慰的是，花了一点时间写下来、画下来，现在偶尔拿出来翻看这个故事，大宝还问："真的吗？"弟弟会很肯定地指着画上抱着奶瓶的小宝宝说："是真的！你看，我在这儿呢。"

不经意间，留下的都是好时光。

先生还在世的时候，有一阵子每天带小宝去画室，小宝穿上围裙，拿着刷子和调色板果断地刷呀刷，刷出一堆爬格子的画，很是别致。现在每当看到这些画就很感慨，很多时候我们不知道这个当下意味着什么，有多么珍贵，这些一起创作的画已经不仅仅是画作，更是一段时光，在沉静当中留存下来可以慢慢体味，即便在下一刻有大变动，甚至有生命的离别，也不枉这样一起走了一遭，一起画过一回。

零基础爸妈也能让孩子爱上艺术

有个公众号的读者问我:"我女儿现在快5岁了,她对跟艺术沾边的东西似乎都不太感兴趣,音乐、画画、赏析貌似没有一样能入她的眼,每一样动作都是短暂的,而且很难集中注意力。我承认家里也确实缺少足够的艺术氛围,但我个人是很想培养她在这方面的爱好,我不期望她跟其他小女孩一样爱跳舞、爱唱歌,我只希望她能有一颗对色彩图案敏锐的热爱之心。哪些方式可以培养女儿对艺术的敏感度呢?"

在这本书的很多章节都提到了环境,这是看似最了无痕迹又最为有效的方式!

再谈:环境、环境、环境!

环境一:家庭环境

家庭的艺术氛围,审美水准是关键。 无论外面的城市景观如何,家里是怎样的布置方式,总可以尽可能地提升一下审美氛围。孩子耳濡目染的环境,不正是培养审美观的最好机会吗?还请家长们花一点心思。最简单的方法就是把孩子们的画稍事装裱,就是世界上独一无二的装饰艺术!

家庭艺术品的选择其实并不难,著名的大师作品未必有必要,但要学会识别,打死也不能挂的复制装饰画和大芬村出品的行画,特征很明显,瞅瞅就知道啦。为什么?艺术的珍贵之处在于思想和创造力的独特展现,是艺术家独一无二的表达。即使原作对大多数人来说无法接受,也可以退其次考虑限量版的印刷品,这种大多是艺术家授权画廊等经营单位进行有限的高品质的微喷等制作。对于家庭装饰画,我很喜欢美国一个网站

www.art.com，上面有很多艺术作品的复制品，体验很不错，价格也不高，还可以把你选的画拖到客厅卧室的界面上看看效果。一直觉得国内有个这样的网站就好了。你要是对自己的品位实在没把握，可以上去看看找找感觉。

环境二：材料的环境

  一位移民加拿大好久没见的朋友给我讲了她的一个发现：2015年暑假回来，她带孩子去艺术研究院导师家里玩，在她看来，女儿没有太大的艺术兴趣，但一见到导师家里巨大的台案，摆好的笔墨纸砚，兴致极高一下午又写又画，玩儿了很久，出乎她的意料。我想这是一个很典型的关于环境探索的例子，**不能为了家里的整洁把东西收拾得太整齐，灵感来的时候，艺术家要创作的！**而且有时候或许就是材料激发了灵感呢。

  2015年有段时间，我也在家和孩子体会用宣纸画画的感觉，和小宝一起画的时候，看他把墨汁抹到满胳膊，但画得好开心，我也放弃了自己正在描摹的小画，应邀画了一堆小宝和他的朋友。小宝的解读是："他在和哆啦A梦、大白、Micky合影呢。"

  说到环境，还想到一次体验。家里来了四个孩子一起玩，当我提出"咱们画画吧"，只有一个应声响应。不过我还是准备了四个大大的画板和纸，当准备好两个的时候，已经有两位"画家"跃跃欲试，等我终于把最后一个按下钉固定好画纸时，四个"画家"都已经迫不及待开始创作啦！我是觉得**很多时候孩子说"不"的时候，并不意味着他不感兴趣，只是手头玩的还没结束或者心思还游荡在别处。要他们看到材料随手取用非常重要。**就像鼓励孩子阅读，最好的方法不就是让他可以随处都可以看到书吗？

环境三：父母的环境

  既然我们认为孩子应该爱好艺术，那就是说明我们认同艺术是个对人有益的东西。既然我们年少的时候没有条件接受这方面的熏陶，那现在不刚好是个机会，和孩子一起熏陶一下吗？我小学的时候，美术课和同桌共用调色盘，我的同桌男生每次都在我还没画完的时候，就已经把所有颜料混合在一起，成为很像鸡屎的那种绿棕色，至今对于调色这件事，我还有阴影。回忆这件事的意思是，要很坦诚地表明我大白的身份。虽然我们没有受过训练，但并不意味着我们没有资格和孩子一起进步呀。

别又想到了报班，先自己存点货，其实可以做的事情有很多，**最珍贵的付出其实是父母的时间，而不是兴趣班学费。**

◆ 稍微读读艺术史，一起看看画展或翻翻画册，哪怕看看艺术领域的公众号也好。

◆ 和孩子一起创作，他画的比你好也没关系，"一起"比什么都重要。

◆ 玩玩艺术游戏，这是件有意思的事，本书的外一章也推荐了几个"家庭艺术实验"，希望总有一款适合你。需要提醒的是，在玩艺术游戏的时候，父母是一个平等的参与者，而非指导者。同样，家长开心享受也是我们的权利。

10岁以下的孩子，可以就在这种开放随意的创作中发展自己的艺术能力，这是孩子们自己手、眼协调能力，观察、表达能力的逐步提高，不需要我们拔苗助长，用技巧限制他们。太多的教育不都是在"用力"地磨灭创造力吗？**当然在这样的艺术共处时刻，艺术技巧淡化，父母和孩子的沟通技巧是需要提升的。**

艺术的门类有很多，但原理相同，带孩子走近它，和孩子一起爱上它，然后看孩子的反应，顺势而为，即便未来不作为生存技能，可以欣赏美和艺术，人生也会丰盈许多。美术这件事，是急不得的，尤其没有必要把美术院校的训练搬到小朋友身上。让一个小孩子学素描和写生的训练，远不如启发他细心感受和观察来得有益。如果这样，艺术之路反而可以走得更远。

改造孩子的艺术基因

如果你爱一件事情，就永远不会感到疲倦。我所指的爱是不追求结果，不从中要求回报的。如果你真的爱做某一件事，你做它并不是为了满足你的自我，因此其中就没有失望，没有止境。

有的孩子为什么愿意不停地画呀画，不会经历兴趣的大滑坡，保持这个热爱？为什么有的孩子却似乎对艺术不是那么有兴趣，需要一些特别的关注和引导？或许会有人说，"没有这个遗传的细胞"，其实**孩子的艺术基因可以改造。这个改造不是从孩子而是从父母开始。**

有人天生擅长打球、计算，有些人在艺术上则有更多的天赋。每个人都可以学会打球和计算。如果掌握了材料的使用、技法、态度、感知，每个人当然都可以从事艺术活动，而并非只有有天赋的人应该得到帮助。每个儿童都可以从事"有意义的艺术活动"，更深入地理解生活，联结自己和世界。

有一本谈论美术教育新趋势的书《艺术基因改造》，是我国台湾苏荷儿童美术馆馆长林千铃的作品。这本书的核心内容是改变家长的观念，**新一代父母不可能只想启发孩子的创造力而自己没有创造力，不可能自己没有美感却能培养出有美感的孩子。如果想延展孩子们的才华，先要唤醒自己的才华，并且具备素养和信心。**

改造孩子的基因真的要从改造自己的基因开始，并且通过共同的生活，把后天习得的基因继续传给我们的孩子。我们常说的和孩子一起成长也是如此，或者说孩子和我们的共同修习，我们同时获得这份新的美的基因。

我国台湾的苏荷美术馆成立于2003年，但依然认为"来得晚了"，"儿童的绘画有他们自己同年龄相通相共的发育进展阶段，父母不能急，也急不来"。林馆长认为："在过去台湾的升学主义影响之下，使得昔日的儿童——今日的成人，错过美感觉知的引发机会。"这和大陆的状况何其相似，甚至这样的状况似乎并没有更大的改观。

曾经联合一些妈妈群，请艺术家给大家讲讲艺术史和儿童美育的话题，得到很多妈妈的欢迎，反馈热烈，但同时也看到妈妈说："这和我有什么关系？"这让我想到一位"网红"老师的演讲，当他在一个英语培训课堂上讲到林语堂时，有女生当众质问他，讲这个有什么用？能提分吗？这些看似不直接"有用"的内容就是对孩子，对人的素养、审美基因的改造！

给自己信心，给孩子信心，我们配得上艺术和美，有丰富的内在配得上这个丰富的世界。

"不经意"的引导

早期的艺术教育更多的是激发和引导，把儿童自身的创造力和潜能引发出来，在这当中，"兴趣"比"技巧"重要得多。不是每个孩子都愿意安静地坐着画画、做手工，一些环节的设计、互动、交流、游戏等都是非常值得花精力研究的。

之前和其他艺术爱好者妈妈讨论过，比如关于技巧，有时候因为缺乏技巧或许会影响创作，如果孩子到了一定年龄，对基本技巧的了解可以适时开始，尤其是已经影响到对艺术创作的写实阶段。但我把这个更愿意理解为对材料的探索，比如了解不同笔、颜料的特性,熟悉它们,把玩它们,为创作所用,而不是真的只为学会那些"技巧"。

之前买了很多关于艺术教育的书放在家里,最近发现姥姥和小宝每天饶有兴趣地翻看,姥姥很有启发,说:"如果当年有这个条件……"小宝则不停地问:"这本书可以送给我吗?"虽然他还不识字,但这些有创意的视觉试验是他完全能感受到的,并想跟着尝试的。他的"成为美术老师"的愿望希望能早日实现,因为他说自己"实在画得太好了"。应该长大之后还不会忘记的,可以教给小朋友们。

要注意到两个极端:一种是极端的儿童中心,完全放任地由儿童自然探索;另一种是成人主导的,追求结构化和统一的结果。实践表明,**有成人在旁边参与,儿童的艺术活动时间会更长,对艺术材料的探索也更多**。这也是我认为父母应该有更多的艺术陪伴的原因。相对于"专业"的艺术背景老师而言,**父母无论出于对"不专业"的不自信还是其他原因,不去给孩子更多的限制——这反而成了零艺术基础父母做引导的优势所在**。

想了解所谓"干货"具体应该怎么做的妈妈可以参考一些书籍,可以迅速地和孩子一起探索材料的使用,用类似"科学实验"的方式放松地一起体验玩艺术。另外也有很多公众号盗版了类似国外 Pintrests 之类的网站,有大量的创意想法,而且基本看图就可以很清楚。当然更方便的莫过于打开一本书,边看边玩儿。这类书籍很多,对于没有基础的父母可以借鉴以下几类。可以一起探索材料,还有有趣的玩艺术方案。

◆《从小爱动手》
    文[法]F.马萨　图[法]S.拉穆尔
    龚蕾、陈倩倩、阮名铭译　广西师范大学出版社从科学、自然、生活、艺术的角度出发，设计了130堂给孩子的创意实验课，让孩子在动手实践中探索大千世界。

可操作指数：★★★★★

有趣指数：★★★★★

◆《我的第一本色彩游戏书》

［德］芭芭拉·穆斯勒　［德］玛格丽特·雷特可夫斯基·菲尔顿　［德］克里斯特尔·范·狄肯　付志远译　河南科学技术出版社

这本书对色彩知识和艺术创作过程进行了大量的介绍，它不仅是一本工具书，也是一本和孩子们一起进行创造性活动的基础教程。四大主题，四十余种创作方案，还有对各种色彩颜料的详细解释和说明，对色彩敏感的宝宝们值得拥有。

可操作指数：★★★★

有趣指数：★★★★

◆《创意美术实验室》

［美］苏珊·西瓦克著　［美］瑞纳·西瓦克摄影

金黎旸译　上海人民美术出版社

三十二个有趣的3D艺术课程，涵盖黏土、石膏、纸张、织物、彩珠及更多的其他材料运用。

可操作指数：★★★★

有趣指数：★★★★

◆《动物的创意绘画实验室》

［美］卡拉·桑海姆著　［美］史蒂夫·桑海姆摄影

金黎旸译　上海人民美术出版社

我想，应该没有哪个小朋友不喜欢动物吧，那你愿意在纸上画下你喜欢的萌宠吗？这本书以讲手绘为主，但用到了你所想象不到的方法，什么马路裂缝中能画出一只小狗？水彩随意滴在纸上，两三笔就能勾勒出一只狐狸？除此之外，彩铅、拼贴、木板版等更多的创作方法等着你和孩子一起去实践。

可操作指数：****

有趣指数：*****

◆《艺术绘画工作室》

[美]达琳·奥利维亚·麦克罗伊著 [美]桑多拉·杜兰·威尔逊图　陆美辰译　上海人民美术出版社

这本材料探索书是由两位知名艺术家经过疯狂的实验总结出了四十五个材料混搭的创意金点子。这本书的优点是材料新奇，比如说刮胡泡沫，颗粒大小不一的盐粒等，可以给孩子带来完全新奇的体验。

可操作指数：**

有趣指数：*****

在我的实践当中，"宝宝们，我们一起画画吧！"类型的引导起不到什么作用，反倒是在他们的周围"无意"地出现一些东西，或是自己开始做点什么更能够引起他们的兴趣。"欲擒故纵"的策略更适合我的家庭，所以把这些书丢在他们的必读书里，让他们自己发现，并真诚地恳求你带他一起玩也是方法之一。

如果想买这一类的书也要擦亮眼睛，比如我就曾经根据名字买过一个韩国妈妈写的名字如"妈妈是最好的美术老师"的书，但是内容却完全是儿童简笔画的画法，看完全无灵感可言，全是套路。这里推荐的书，我家小宝非常喜欢，**他翻看着一个个画面，每天跟我说："我也要做这个！"我常常窃喜："那我们就一起做吧！"**

建立秘密的艺术家庭语境

公司的90后说,在家里看电视,有任何亲密的镜头,她爸爸就会默默换台,而她会在心里默默狂喊:"我已经成年了!"对艺术的讨论在很多家庭里都还像这个桥段一样是个禁区。其实儿童需要这样的讨论,不去否定他生命中发现的新领域,鼓励试错。在内向含蓄的中国父母手中,艺术大概是最适用的一个介质,可以用它来作为与孩子交流的手段,**所有的爱、关系、好奇的故事在艺术里都可以表现,艺术其实可以成为父母和孩子交流"秘密话题"的一个安全通路。让我们更懂彼此,更爱对方。**

做孩子情感的解码人

在艺术治疗里,有个著名的基于心理学研究的"房树人"的方法,大概就是通过画房子、树、人几个元素及其中的关系等看绘画者心理的投射,是非常常用的心理咨询方法。曾经有个这个领域的妈妈希望做一次面向妈妈的沙龙活动,请妈妈带一幅孩子的画,然后帮助解读孩子的心理状况,但是我并没有接受这一组织的邀约。不是对这个方式质疑,而是在没有见到孩子和充分了解的情况下以一张画解读孩子,我不认为有特别大的价值。不过艺术的确能够承载建立家庭艺术语境的功能,也给孩子和父母更多渠道的沟通和表达。

孩子成长的阶段不同,对外界压力的感知和反应能力都是不尽相同的。成人的权威有时候是不言自明的,对于缺少抗争的孩子来说,他们会更多地压抑自己来迎合大人。偶尔看到孩子尖叫,我其实是松一口气的。虽然方式让家长没有面子,但对孩子的抒发是有一定好的影响的。一个朋友介绍她见到的一个乖乖的小孩子"懂事得让人心疼",为什么会用心疼来形容?因为她承载了太多对外界的关注,压制自己内心,以至于行为已经不像个孩子。

孩子的灵性更能直达事物的本质,因为他们的眼睛是纯净的,他们没有太多所谓逻辑的限制,用直觉思考。"童趣",我们常常这样形容孩子的画,我家小宝5岁去过的一次美术活动之后回来告诉我:"老师说我很有想象力……"我能说这些基本都是没意义的评价吗?**每个孩子的作品里都有秘密信息在里面,不过这个解读绝不是没有见过孩子的某个"专家",父母才是最好的解码人。**

做好孩子的解码人需要洞察,更需要时间的投入。我发现一些优秀教育者的特点就是他们会饶有兴趣地看着孩子,而且乐于探究孩子行为背后的原因。很多类型的早期教育机构都注重对儿童的观察,但是否高明就在于观察者仅仅注意到了表面的行为,还是试图找到孩子更深层次的情感联结。

尤其是男孩子,在自由探索的学校里,通常他们只会选择建构区和角色扮演区去玩耍,很少主动选择艺术区。我们可以试图用一些材料更多地引导男孩子去释放一些内在的情绪出来。每天下班回家,了解各自做了什么事,和孩子一起写(画)日记,都是建立家庭语境的绝好机会。小宝喜欢手工,每次接他都会很隆重地送我一幅画或者一个手工、一幅剪纸,我们回家一起做完,他边做边说学校里发生了什么:他交到了一个好朋友,而且他考试考了超级多的分(数不清的那么多)……

我很爱你不用猜

人与人的相处,包括家庭关系的相处,永远是一个很大的挑战。用艺术来"代替"一部分相处,换个角度让大人和孩子审视家庭关系,是秘密又保留每个人面子的好办法。

我的朋友高老师是高中艺术老师,也是妈妈,她组织了很多周末亲子艺术活动。北京的艺术和展览资源非常丰富，她就带着大家去美术馆、艺术家工作室看展、临摹、写生。最近，看到她的妈妈群里妈妈们晒出很多孩子们画爸爸的照片，才意识到父亲节快到了。很有趣的是围观的妈妈和高老师在"点评"孩子们作品的时候常常会带出"背后的故事"。比如一个很有佛相的爸爸画像，孩子的解释是："把爸爸的耳朵画成了一只蝴蝶、一只猪耳朵，因为爸爸很胖，又经常飞。"

我家大宝有幅作品画的是妈妈过生日，在幼儿园贴了很久的各色豆子作为给妈妈的礼物。最爱妈妈，所以妈妈是大号人物穿红衣服，而他是主角所以也在画面上占据大块面积。这幅画以前贴在墙上，家庭的每个成员都在画面上有一席之地。当时孩子爸爸还没有去世，问大宝为什么把自己画在了门口，他说因为爸爸要到外面去散步"透透气"……这幅画在满满的大宝作品展示墙上总是最吸引人的目光。

在这样的沟通和交流中，自然了解到孩子对父母的看法，并对一些家庭话题进行沟通，自然且有效。尤其对男孩而言，很多男孩通常不会做很多的目光接触，甚至还讨厌这样做，如同在《如何养育男孩》这本书里，著名儿童心理学家安东尼·饶博士所说："男孩不像小女孩那样具有研究人的面部表情的基因，很多男孩都会避开别人的眼神……和儿子聊天的最好的方式就是坐在他旁边，而不是一开始就喊他的名字……让他觉得很随意。"

有的孩子问他学校发生了什么，很难得到回答，或者只是极简单的上课、吃饭……通过基于孩子艺术创作（也包括和孩子一起创作）的沟通，让孩子掌握谈话的节奏，哪里想多聊就不必打断，让他觉得自己说的受到了重视，然后才会更深入地交流下去。而正是因为关注的重点在作品上，不在孩子身上，才有可能听到更多平时聊不到的话题，比如他和朋友的人际关系发展，他对哪位老师更真实的看法，他留意到家里发生的哪件事。不做评判，不就某件事发表评论，感兴趣，不断深入交流，在需要支持的时候才给予支持。

艺术对话成为家庭常规

我的前同事当中也有许多从事娱乐行业的，做了父母之后，如何面对流行文化中的内容是个见仁见智的话题，而孩子身处这样的时代，很容易被过载的信息所影响。音悦台创始人时颖说，带孩子多听、多看、多体验多元的内容比试图给他们一个真空环境更现实。无论视觉的、听觉的艺术和文化，给孩子欣赏、认识多元，和他们开放地讨论这些艺术和文化现象，让这些对话成为家庭生活的一部分。

和很多提到画画的妈妈一样，关于音乐，也有很多妈妈第一反应是"我不懂"，音乐、阅读、艺术，我们想带给孩子更多好的文化和精神，而我们不可能成为每个领域的专家，就像带孩子看展览，妈妈最多的问题是：他能看懂吗？听音乐则是：他能听懂吗？不懂真的不是问题，好的艺术满载着对生活的理解、真实的情绪、喜怒哀乐、生命、时间、爱……这些你怎么会不懂？孩子怎么会不懂？

我们说的"不懂"，更多的是指没有受过专业的训练，无法用绝对正确的方式来解读艺术。**打开自己，先进入其中，放下被禁锢的想法，和孩子一起真实地体验，多元的、开放的，随时随地成为生活的一部分。一起做一点美好和没用的事，被美好和艺术触动。**

丽丽安说："我给姐姐和弟弟每人买一个画本，和画笔一起放在他们自己能找到的地方。每次想画画时就自己拿出来画，画完如果我在旁边，会帮他们记录下他们对画的描述，然后写上名字和日期。节假日或者某个有特殊意义的日子,我会给他们出命题作文,让他们都围绕我给出的题目来发挥,他们往往都跑得很远,但都无所谓,我没有限制,画完了照样会写上记录,并签上名。"这些点滴日常就组成了孩子们的童年和家庭的记忆,更重要的是妈妈从中展示出对孩子们的珍视和深深的爱。和孩子们的对话一定不是正式地面对面,正襟危坐地"谈话",话在画中,舒服又温暖。

虽然丽丽安说这样做是有私心的:"因为妈妈太懒,很少给他们写童年日记,以这种方式来记录孩子的童年,等他们长大了再翻翻自己小时候的涂鸦,说不定会忍俊不禁,当然,我相信他们也一定会很珍视。"一定会,而且不必等到长大,现在这些就都可以成为家庭对话的主题内容。这就是潜移默化的美和艺术的教育,也让家人之间更爱彼此。

殷小珞(5岁)

有个小朋友在浴室里，眼神有点不高兴，因为不喜欢洗澡，手上戴着手套，这样身上痒的时候就可以随便挠，也不会受伤。裤子脱一半，口袋里的东西都掉出来了，小西红柿、苹果、一盒蓝莓、覆盆子干儿，还有，一进门香蕉就早早掉出来了；中间是一把椅子，上面放着洗澡前玩的毛绒玩具——一只狐狸、一只熊猫……

8 / 让孩子
带我们回归本真

赞美不是最好的方式，鼓励才是，摒弃打分，因为我们本来都是一百分。

你希望孩子明天成为谁取决于今天你是谁。

因为孩子，我们再次体验了生命如何成长，我如何成为我，对生命有了更为深刻的洞察。放下自我，更要放弃控制，跟随他们回归本真，听到自己的内心，才能获得新生，见证奇迹。

这也是为人父母最大的福祉和回报。

鼓励就能让孩子走得更远

无条件的爱不打分

全身心倾听，心怀孩子般的热情

感谢孩子给了我第二次生命

鼓励就能让孩子走得更远

和认识很久的一个移居中国的妈妈朋友小 E 闲聊才知道，她的妈妈年轻的时候本来是立志要学艺术专业的，因为遇到了她爸爸，就简单学了个教育专业，早点儿毕业结婚。但 E 妈妈骨子里的艺术 DNA 倒是一路传给了她的大儿子，事情的两面性就是小儿子看到哥哥的才情流露，对自己在艺术方面就变得非常不自信，重新把自己定义为"运动型"，而且对任何艺术相关的活动都有一定的排斥。家有二娃的妈妈应该都有这样的体会，也有说法，是一个孩子占据了一个磁场，后来的弟弟或妹妹只好换个位置。

每个孩子当然有自己擅长和感兴趣的一面，但从另一方面来说，**每个孩子在他的生命早期，都应该有机会去接触、了解不同领域的事物**。体能和运动的发展很重要，同样，艺术的体验也应该惠及每个孩子。我相信这个智慧妈妈朋友会基于家庭的具体情况做出应对，但由此也引出了一个问题：在孩子遇到挑战的时候，我们该怎样做才真的能帮到他们？

赞美不仅无益，甚至可能有害

美国高宽教育研究基金会课程开发部高级主管、发展心理学博士安·爱泼斯坦从 1975 年起，就致力于开发课程以及儿童早期教育的评估工具，她在《学前教育中的主动学习精要：认识高宽课程模式》这本书里，多次提到了关于对孩子"运用鼓励而不是赞扬"的这个应该被广泛适用的原则。

很多父母会运用赞扬，因为他们认为这有助于幼儿对自身乃至工作建立起自信。但同时他们也可能把赞扬当作一种行为管理手段，那就是帮助幼儿平静下来，并且表现得像"好孩子"一样。

孩子们像个小雷达，真实的表达才会接受，虚伪的表达只能适得其反。听到比较夸张的故事是一个妈妈朋友讲的，说的是她亲眼所见的同事和女儿之间的互动，12岁的女儿画了一幅画，妈妈本着多赞美的原则夸张地拍手称赞："你真棒！"结果青春期边缘女生淡淡地白眼回应："你至于吗？"坦白说，这个情节听得我冷汗直冒，我和这位朋友感慨，幸亏我们的男娃尚小，且一时半会儿还没出现过这种反馈。

保护孩子自信当然是必需的，但真实也很重要，不能低估孩子的智商、情商。尤其是面对敏感的孩子，我们还是坦率和真实一点比较好，看到过程的努力，真的懂得他们，比夸张的赞美更有助于让孩子接受。毕竟不会有人一直扮演为我们摇旗呐喊，做啦啦队的角色，但让孩子面对真实，客观地评价和估量是必需的。

研究表明，不恰当的赞美不仅无益，而且有害！爱泼斯坦在阐述高宽教育理念的书中就提到："研究表明，赞扬是有害的（Kohn，1993）。当成人运用赞扬时，幼儿学会了依靠成人来判断对错，而不是运用自己的能力来判断是非。使用赞扬同样会使儿童为了获得外部奖励而好好表现，而不是出于自我奖励而欣然学习。幼儿可能会变得害怕去尝试新事物，因为他们担心得不到别人的赞扬，或者更糟糕——受到批评。"这如同在学校里面得小红花、小印章，然后积分换奖品。过度强调这个工具的使用，孩子反而忽略了内在动力，而追求外在奖赏，从长远看是不利于儿童成长的。这个道理放到成人世界，是同样道理，一个走得更长远的组织，一定是基于共同的价值观，而非短期的物质激励。

对艺术教育的部分，孩子对自己的创作得意，当然就会保有热情，不切实际的一味赞美却并不是最好的解决方案。

一个妈妈朋友一直非常高调地赞美自己的孩子，她希望能够弥补自己童年得不到父母认同的缺失，并且一直坚信，这才足以表达自己对孩子的爱。但某一次比较真实地表达自己的态度，却遭遇孩子意料之外的情绪爆发，引起她的震撼和反思。要知道，**对赞美的需求是会不断升级的，向孩子真实地表达自己的态度，又能鼓励孩子持续的热情，才是父母最应该练习的**。

保护自信需要父母的犀利洞察

育有俩娃的前记者，现在搬到美国的妈妈雷小白袜子是生育教育方面的专家，一次她在朋友圈完整分享了家里父母对两个孩子艺术能力发展态度的讨论，非常典型的一种现象，在很多孩子和父母身上发生，貌似不经意，其实需要父母及时发现自己在惯性下的某些态度和反馈，虽然有点长，还是特地收录在这里。这个案例记录了一个家庭当中随时发生的一些不经意的赞美给孩子带来的影响。

> 5岁以来，哥哥正娃的绘画突然就突飞猛进地出现大量大人能看懂的东西，非常之形象。正爸经常爱不释手地表扬："画得太好了！最近画得真是越来越好了！"我说："一直都画得很好，只不过最近你能看懂了。"正爸嗤之以鼻，说："画得好就是画得好，明明就是画得好。"
>
> 几天后，娃都睡了，我说："你有没有发现弟弟画了画就自己悄悄地丢垃圾桶？但是又不真正揉了丢进去，就放在垃圾桶面上，好像等人去发现。"正爸说：

"确实,不知道是为什么,在叔叔家也是画了就丢,还经常说自己画不来。"

我说:"这不是一切都很明显了?哥哥的画并不是画得更好了,而是他这个年龄刚好应该的样子而已;弟弟的画也不是画得不好,也就只是他那个年龄刚好正该有的样子。难道3岁比5岁差吗?你表扬哥哥画得好的时候,表扬的是什么呢?是表达?是技法?是什么让你说画得好呢?弟弟无法掌握同样的技能,就会开始说自己画不来,当你看不懂他的画。他就会觉得是自己画得不好,所以丢垃圾桶。"

雷小白袜子好犀利的洞察,就像第五章提到的关于"孩子艺术能力发展的时间表":不同阶段的孩子的绘画会有不同发展特点,所以要理解孩子的发展规律才能够正确面对孩子的作品。同类的研究还有很多,虽然划分阶段不尽相同,但基本逻辑差不多。这种不同年龄间孩子不经意的比较,给年龄小的孩子带来很大压力,甚至影响到孩子对自我的认知,需要家长及时关注到,并适时地进行引导,以保护孩子的创作热情。随口的表扬,其实经常不知道有哪些耳朵在听,更不知道它实现的效果是什么。袜子现在美国也从事儿童发展的工作,这份洞察真是没有浪费。

除了洞察之外,我们还有一堆技术活儿要学习,以便保护孩子的自信。英国插画师 Jack Lockett 在社交网站上分享了自己从2岁到24岁的画作,引起很多转发。我发现很多转发和解读都集中在"不要小看涂鸦,或许未来就成大师"的论调上。一不小心,功利心又跑出来,十一二岁之前的绘画就由着孩子去吧!从 Jack 时间顺序的作品,可以清晰地看到一个孩子对肌肉的控制对世界的观察和表达的发展。要我说，Jack 的作品获得转发不是作品本身而是时间跨度，这么看要表扬的是 Jack 的妈妈，**她的妈妈如此仔细保存孩子的作品行动就是一种鼓励：你的任何作品都很受珍视，有自己独特的价值。**

不同场景下的鼓励策略

到底应该如何鼓励，不赞美又可以怎样呢？这里大概虚拟了以下几种可能出现挑战的场景，大家可以举一反三，用真实的、发自内心的鼓励去和孩子沟通。即便对于非常小的孩子，语言的理解力有限，但鼓励的眼神和话语，与他互动的状态以及拥抱的方式都会让他们接收到你的信号。

挑战一：两个娃（及以上）的家庭

如袜子家，3岁和5岁的兄弟俩，5岁哥哥的作品当然要远远成熟于3岁的弟弟。我家4岁小宝就曾经对8岁哥哥的作品叹为观止，总是说："我想画……可是不知道怎么画。"可是如果赞美了哥哥的作品，小宝又会马上警觉地问："那我的呢？"我很高兴小宝能把问题问出来引起我的警觉，如果像正娃弟弟那样，还需要袜子这样的妈妈细心观察到把画丢到垃圾桶边上的细节，我很可能错过这个细节，甚至批评他为什么不丢进去……

好吧，老招数："这是你的风格！"郑重地告诉小宝，看着他的眼睛："这是你的风格！"给他一点听上去高级的关键词——你是"抽象"风格的作品。让他们可以用这些不一定懂，但自我感觉很好的词来把自己武装起来。同时也同样郑重告诉大宝同样的事，尤其我家大宝也有过被小朋友鄙视的经历，形成共情。现在大宝可以很骄傲地给弟弟帮忙，充分合作。比如给弟弟画个车的轮廓，小宝再去填上汽车轮胎；或者哥哥觉得画得不理想的画，弟弟在征得同意之后如获至宝地捡过去继续创作，涂涂抹抹。从竞争到合作的基础在于互相充分的了解、真实的交流和一点点小技巧。当然结果就是两个孩子过分地"敝帚自珍",所有涂抹过的一律称为"作品",分外珍惜。现在6岁的小宝已经非常自豪自信地说:"现在我是咱们家的艺术家。"

挑战二:"不幸"有个超有天分的朋友

之前和一个从小就有超强绘画天分的朋友聊天,她也正在国外进行美术教学,很坦率,说只要有天分,大概五六岁就能看出来了,基因决定一切。好吧,虽然她也因为观点偏激,其实没有和更多人分享出来,我隐隐竟然有一点认同,不过和她的出发点大不同。**从专门从事创作的角度,这个天分很重要;从美育的角度,有没有天分其实关系不大。艺术对于我们更多的人,是审美和表达的体验,是儿童认知世界的方式,过程比结果重要得多**。那么如果身边有个超级绘画天分的朋友,该如何鼓励孩子继续参与创作并保持信心呢?

这真的是一个技术活儿,首先当然要肯定有天分的作品,但可以采用更为技术角度的客观评判和描述,如"我看见了两栋高楼""这里还有几辆汽车"……无论对错,孩子通常会很热情地讲解自己的作品,这样对细节的关注对他们就是奖赏。其次,你一定已经看出来了,相同的评判逻辑对画得一般的孩子也是同样适用。对细节的关注和描述也会让孩子体会到你真的对作品很感兴趣!真实在这里更为重要,因为孩子也会看得出和朋友的差别,但要帮助他发现他的作品的价值——他眼中的世界,他的表现有什么不同。而父母和教育者在这个过程中并没有因为要保护孩子而说谎,是不是也会更舒服些……

挑战三:面对学校的评价体系

之前有妈妈在一篇文章的留言让我印象深刻,她很遗憾地说:"在我们的教育体制里,什么都要竞争,分出高下……"是的，很不幸，这种简单的评价体系对很多孩子会带来很大伤害。可我们从小都是"考考考，老师的法宝，分分分，学生的命根"过来的一代人，让我们改变思路，很难。记得很清楚，二年级的时候，我收到老师短信，通常在班级后十名徘徊的大宝竟然语文数学都得了90分以上，我难以抑制，有一点开心，却十分痛恨自己这么在乎这一点点分数。关于艺术，尤其是美术的评价，就请大家更不要在意，即使孩子的作品没有被老师选中参加学校展示，也让我们在家里给他贴在醒目的地方，用拥抱给孩子一个大大的赞吧。

在艺术创作这件事上，让我们珍视每个孩子，好好保留和收藏他们的作品，孩子也会从中看到自己的发展和每一步的变化，无须特别的赞美，你的珍视一定会弥补学校或外界不当评价可能带来的伤害。

家庭永远是孩子的大本营，有很多70后的朋友都说我们是在打压式的教育方式下成长的，既然深刻了解这种被压制的、"永远不够好"的痛苦，就给我们的下一代更宽松的环境吧。强大的内心受用一辈子，我自己的信心好像是在30岁之后才慢慢建立起来的，其间历经了无数的挑战和纠结。不过90后好像没有这种问题，那到娃这拨00后是不是我就不用担心了……

没有一本宝典适合全部的家庭，还是那句话：没有完美的爸妈，每天努力一点，总结一点，分享一点，进步一点，未来的人生或许便少一点遗憾。用鼓励陪孩子走得更远。

无条件的爱不打分

每天下午都会收到老师的微信，当我看到大宝也在"特别表扬"名单里的时候，不禁和同事分享了一下，了解我的他们笑着说："你也这么俗？"打分系统里长大的我们把打分当成了一个习惯，任何分出三六九等的"教育"都是。真的很难免俗，要继续修炼。

克里希那穆提说："比较带来深刻的伤害……当你把一个孩子和其他孩子相比较的时候，你正在毁掉这个孩子……比较会助长竞争、残酷、野心之类被我们认为会带来进步的东西。到目前为止，所谓的进步仅导致了更多无情的战争和不幸，**教导孩子不再比较才是真正的教育**。"

你给你的妈妈（孩子）打多少分？

是的，我们都知道无条件的爱无须打分，但是如果在设定的一个环境下，一定让你选择用打分的方式来和孩子评价彼此，结果会是怎样？有个日化品牌还真的拍了这么一个视频，当把内容讲给同事们讨论的时候，大家相当唏嘘，当妈妈的人都说不敢想象发生在自己身上会是怎样。

视频的拍摄是精心设计过的，一群孩子和妈妈被分别带到不同的房间，然后处心积虑的采访就开始了。预热闲聊放松之后，妈妈和孩子在镜头前回答完全同样的一个问题：你给你的妈妈（孩子）打多少分？如果可以暂停，很希望你在这里停一下，给自己的孩子打个分。他可爱又帅气，她聪明又美丽……我们如此爱他们，但是她有点胆怯，他有点冒冒失失？那么95分？90分？这是否也是你在回答时的内心活动？

在视频里拍摄的妈妈这一边，其实大概就是这样的一些反馈，毫不质疑妈妈们对孩子的爱，但又毫无意外，涉及到打分的时候，妈妈们给出90分、80分、60分……每个妈妈都有这样那样的理由，孩子应该这样，应该那样，**我们很爱他，但是他们还是可以更完美。**

再回到孩子这边，这群好不容易安静下来思考，看上去3~7岁的孩子，惊人的一致。所有的孩子，都给妈妈打了100分，毫不犹豫，充满热爱，充满骄傲，甚至还有孩子给妈妈打出一万分！

在妈妈和孩子两个群体聚到一起的时候，他们互相被告知了各自打的分数，孩子们只顾着和妈妈们抱在一起，享受片刻分离之后的开心，妈妈们则泪奔了！

无条件的爱原来一直不过是妈妈们口头说说，真正无条件的爱来自于孩子。别让打分成为习惯，即使一定要打分，也请毫不犹豫给我们的孩子打100分！

很多时候，除了不去给孩子打分，还要尽可能屏蔽打分对孩子的负面影响。带小宝去上学面试的时候被约谈，小宝问我："老师跟你说什么啦？"我聊得并不开心，觉得很多问题完全是逻辑不通，但看着小宝充满期待的表情，我告诉他："老师说你超级棒！"他大喜："耶，我通关啦！"我知道他还是会面临这样那样的挑战，可谁又不是呢？果然悠闲了很久的小宝上学第三天就开始"肚子疼"，但善解人意的他不会让哥哥和妈妈失望，背着大背包又出发！至少第二个娃我可以很淡定地说，无论分数如何，我对他都是信心满满，一个健康、有爱心，自认为"画画超级棒"的孩子！分数是对一个人最脆弱和浅层次的评判。成长中遇到的大部分挫折，都是因为基于分数的唯一标准，很多孩子的信心和自尊因此受到打击并且失去很多机会。

每个孩子的学习方式，信息获取的方式都不尽相同，他们的成长路径也无法复制。在最受欢迎的各类父母讲座中，从前是那些把自己的孩子送进名校的父母专家貌似更有说服力、更受欢迎，就像××女孩、××男孩。越来越多的新一代父母已经意识到，某个孩子的成功方式未必适合用在自己的孩子身上，家庭环境不同，孩子个性不同。**最好的教育不是把孩子培养成"人家的孩子"，不是把孩子培养成第一，而是发现孩子的唯一，确认他的价值。**

男孩的大脑专注于诸如通过触摸来学习一些东西，提高运动技巧以及做一些空间感很强的事，这些虽然重要，但并不是学校里强调的技能。每个人都有各自的独特方式去获取信息，然后储存起来。在现有公立教育系统里，教师、学生的比例显然无法做到这一点，父母应该是最了解孩子的，对那些对学校教育"批量生产"不适应的孩子，我们不应该再施压，而是要帮助孩子分析，该怎样做可以有更好的成就（不是成绩）。

不比较，包括不和自己比较

打分作为主要评估工具，是因为传统教育中考量更多的是智商能够决定的成果，具体说来，就是多元智能中的数理和逻辑智能。当我们把每个人当作一个独一无二的个体看待的时候，分数就变得毫无意义可言。

有研究说，在人生的决定因素中，智商最多有20%的贡献率，其余80%则由其他因素决定。所以在儿童早期的发展阶段，纠结于对数理逻辑能力的分数统计，实在是很没有必要的一件事。89分和91分的孩子有什么差别？上一次95分，这一次90分就是真的"退步"？如果说父母的身上还有应试环境下成长出来的对于分数的惯性，就需要努努力去克服一下了。

好多人用比较宽慰的态度说，不和别人比，只和自己比。其实我觉得和自己也并不是"比"的概念，每段经历都是财富，只要尽力就无须比较。一和别人有比较之心，就有了矛盾；和自己比较，如果处于低谷，则难免沮丧，心情受到影响。只有停止比较，才会变成充满智慧、敏感的人，会有无限的热情。

之所以说跟自己比没有必要，是因为**我们对自己的爱也应该是无条件的。全然接受孩子的前提是全然接受我们自己，如此才能够把这样的状态自然地传递给孩子**。不需要制造那么多"别人家的孩子"，自己家的孩子已经是最好的了。

而与其在不经意的"打分"中不断寻找自己和孩子的扣分项，不如多想想孩子的加分项，什么时候也给孩子打上一万分，焦虑就彻底消散了。

给大家说说我的加分项：2016年夏天，我家大宝一个人坐了13个小时的飞机，到美国朋友家过暑假，他用已经忘得差不多的英语和夏令营里的朋友交流，除了刚开始有点害羞，后面都很顺利。所有的朋友和微信群里的妈妈都说，真是独立、勇敢的小伙子。就是这个旅行归来，一个月没见的他说，观察到"中国的大人不在乎小孩的感受"。好吧，他说的一定也包括我，日常繁忙的节奏里的确很容易忽略到大宝。美国不负责任的成人一定有，但这个暑期照顾他的家庭和朋友们都是友好热情且非常尊重他选择的，所以他会有不一样的强烈感受！尤其是朋友的妈妈，作为主要照顾人，她的原则很明确，比如每天洗澡，不能在床上吃东西，不可以用电子产品……但严格遵守这些原则的背后则是满满的爱意。

这一次独立出行，也让他多了很多自信。他或许不是传统体系里典型的"别人家的孩子"，比如每次期末返校的时候，他都会说："今天要评三好儿童，肯定没有我。"我会安慰他："妈妈给你发奖状。"好在公立学校里遇到很好的班主任老师，以温和坚定的鼓励为主，孩子能够精准地感受到老师对他的喜爱。

每一个对孩子的鼓励都是在给自己的加分口袋充值，看到和肯定他们的现在，未来才会有源源不断的惊喜。这种教养法则是基于爱的不断巩固和加强，一起向一万分进发吧！

最有价值的事都是无价的

最有价值的事情往往无法用任何单位来"衡量"，比如地球上的自然资源，比如人与人最真挚的情感。

要警惕的是还有一种是变形之后披着"鼓励"外衣的打分，比如朋友圈秀了一些照片，我家的两个娃正在适应轮流刷碗的工作，不止一个朋友问，是不是要付钱？刷一次给多少合适？这个做家务付费的"鼓励"方式几年前我就试过，持续了不长的一段时间就偃旗息鼓了——他们不是因为自己是家庭的一个成员而承担一份职责，只是为了"收入"和奖励才做家务，没有自我成就的内在驱动。

和一个妈妈朋友就这个话题深入沟通过，我们交流了身边的案例，发现这种更让妈妈容易接受的"绩效考核式"的管理方式，不但在家庭中是无效的，而且在新型的企业管理当中，因其简单粗暴，也日渐式微。在儿童心理学奠基著作《孩子·挑战》当中，作者提到，新一代的孩子对"民主"的诉求是与生俱来的。在很多父母、祖父母的讨论中，都听到过这样的感慨："现在的小孩聪明得很，都特别有主意！"这种对"民主自由"天生的追求，不知道是不是人类基因变化的结果，但它当然也是任何形式小红花、小星星的鼓励法在家庭里无法持久的原因。对我而言，我宁愿让孩子因为在乎妈妈的感受而坚持做一件家务，这个行动和家庭成员是有情感联系的，而不是为了充实自己的钱袋。

关于这个现象，临床心理学家艾瑞卡·瑞切尔更是在《优秀的父母做什么》一书里用"回报经济"这个概念来概括以"贴纸表"为代表的管理形式。这种积分表格不是十分有效，而是太过有效，以至于会对孩子和家庭产生重大的负面和无意识的长期后果。削弱孩子本身的动机，影响对关系的思考。所幸据我目测和亲身体验，一般这样的表格都无法在家庭中长期实施，因为孩子过了为赚钱而做事的新鲜时期也会不断提高价码，直到整个机制崩盘。

有研究表明，**孩子更长久的幸福感受，其实并不是钱和礼物的多少，而是来自三个方面：能够感受到家庭的归属感，生活在安全可信任的环境中，感到自己有能力对家庭做出有意义的贡献。**

孩子们正在匆忙地度过童年，这个世界正在飞速地发展，大人们对孩子寄予厚望，这种压力慢慢地渗透下来，孩子们感受得最深。他们有时候未必能适应在学校里和课后班待更长时间去学习，以满足家长更高的要求。我们对孩子的要求太多了——坐好，听讲，使用社交技巧和别人交流……匆忙当中，请不要错过那些最宝贵的不需要钱、不需要物质鼓励的东西，那种最亲密的联系，互相的欣赏，每一天都因为可以一起度过而欣喜和珍惜。

亲子关系是唯一为分离而准备的亲密关系，这些年轻人总是比我们意料中更早地独立，和我们分离，给他信任，给他机会，他或许会犯错，或许某些方面不如"别人家的孩子"，可是他是自己，是不断成长和丰富的一个人，也是我们心中那个永远的一万分宝贝。

全身心倾听，心怀孩子般的热情

带大小宝到朋友家过小长假，在郊外的院子里、小山上疯跑，朋友看着孩子们抱成一团在草地上打滚，她说："我终于明白你朋友圈里面说的一睁眼就启动的洪荒之力是什么了。"就是那种睡醒之后一刻都不能按捺瞬间跳进这沸腾的生活的冲动。

他们认为自己是"自然之子"，对动物有更大的爱心和热情，他们羡慕妈妈在自然学校工作的小朋友水滴，因为他可以经常和妈妈一起去自然里工作，他们崇拜保护黑猩猩的珍古道尔博士，还要把所有压岁钱都捐给保护小动物的组织……对这个世界的全然热爱，也让他们给我提出了很高的要求："妈妈，你要一直笑着看我。"

建立"一手体验"图书馆

小区里孩子多的地方听到最多的就是："当心！""慢点！""回来！"看到的是一双双担忧的眼睛。从担心跌倒到担心交往吃亏，从担心学习到担心工作和恋爱结婚，父母用担心的目光编制了一个牢笼。为了不让我们担心，孩子越来越乖，然后慢慢失去感觉。而感觉难道不是一切学习的基础吗？否则怎么能够听得懂春天的风、秋天的雨、彻骨的痛？**守护得过多，孩子就只能过上一个"二手人生"。**

对于突破这个限制，艺术、自然和生活本身都是一个唾手可得的途径，让我们重新思考、观照自己的局限性——在写字楼和城市生活里，所谓文明人的局限，以及育儿当中戴上某个流派理论帽子的局限。**好的艺术教育对于个体体验的尊重，自然教育强调的体验式学习，都抛却了概念的单向灌输，注重个体内在**

能量的生长。

三毛在《塑料孩子》这篇文章里说到和外甥、外甥女们一起旅游的经历。远道巴巴地跑去看海，却因为"怕蛇""数话梅"等原因，只是探头看两秒大海"礼节性地欢呼一下"，她感慨"城里长大的孩子，最大的悲哀在我看来，是已经失去了大自然天赋给人的灵性"。这就是自然教育领域提到的"自然缺失症"。除了容易肥胖等迹象，最大的问题是失去了欣赏大自然的美的能力。虽然这其实不是医学范畴的一种病症，但对于地球上繁衍了 N 年的我们其实是个大问题。

我理解的人的成长，在儿童早期阶段，用极速发展中的感觉器官接触、观察、搜集、积累各种一手体验，这些体验（爬、跑、跳、呼吸、触摸……）越充分，**一个人的感觉图书馆"馆藏"越丰富，对自身的成长就越有积极的影响**；同时还要体会更多情感层面的"馆藏"，高兴、愤怒、失望、悲伤……所有这些丰富的一手经验积累，都会帮助我们日后的"学习"。让我们通过阅读、独立思考、交流、观察以及抽象概念的学习，突破"肉身"的限制，成为更加完整的"人"。

儿童早期和艺术发生的关系也是一种一手体验。看到其他艺术家如何把个人的情绪和体验转化为艺术作品，并且尝试探索自己的内心，自己用给的材料，来表达自己对世界的看法。而非概念化的儿童画。

在为幼儿园项目做准备的时候，我接触了一家初创的设计公司，和两个国外学习、工作过的设计师合伙人交流理念。女生提到了她作为基督徒去主日学校帮忙照看小朋友的经验："我教他们画了一朵花之后，我发现所有的花画得都是一样的！我毁掉了他们对世界上花这件事的感受，在我教之前，每个人的花都是那么特别！"

带他们去大自然，允许他们去触摸，允许他们动手探索，让他们的热情去引领。一个好朋友把一岁多的宝宝送进一家特别"高大上"的幼儿园，我问她这家幼儿园好在哪里？她说，每天每个时间，孩子学什么开发什么都安排得非常详细，家长可以知道孩子每天学到了什么。比如看图片认识了小花猫小花狗……如果有任何一家机构告诉你，给一岁的孩子安排了每天非常精确的"课程时间表"，可以说这是严重违反了儿童成长规律的！……教育不仅是上"课"而已。**孩子如何储存自己对这个世界的一手经验，这些经验只有在亲手触摸、亲耳听到，全身心真正地体验之后才会发生。**

这让我也想起常常和教育同行笑谈的一个例子：一个科技公司开发的产品，在一个会议上，负责人在前面展示，孩子如何通过游戏的方式去模拟和学习在屏幕上过马路……这不是飞行员的模拟飞行，他们是学龄前的小朋友，带他们去观察交通、车辆，和他们讨论怎样可以保证自己的安全，这很难吗？游戏里，没有遵守交通规则的"你"被撞飞，然后游戏可以重来，但在现实中并不是如此。

有时候我们给孩子太少的信任。来自纽约 Cobble Hill Preschool 的很有经验的老师 Tara Canty 在一个工作坊上提到，她曾经工作的学校附近没有 playground，需要带着孩子穿过几条交通繁忙的马路去公园。老师们没有选择让孩子拉着常用的防护带，她们希望让孩子自己做决定，拉着同伴的手过马路，走路到公园去。给孩子空间，让他们体验，为自己负责、做决定。

想起在一个妈妈群里大家讨论是否要给孩子每天一个小时的闲暇，课程太多，实在没时间。好多妈妈都说，一个小时太奢侈了！过度保护，被隔绝了真实生活的孩子，一手体验储存少到可怜，于是学写作要看范文，表达的是自己未曾体验过的虚假感情……为什么浪费生活这个最有价值的学习资源？

放下自我，学会欣赏不同

我有一个从日本嫁到美国的朋友，在孩子很小，老公边工作边读书的最不适宜的时候搬家，累得四脚朝天。安排妥当，一干人去新家吃喝聚会，我很随意地问她这个新社区有什么好，是为了孩子上学吗？她说上学是其次，这个社区的人非常多元，是她非常看重的孩子生长的环境。我笑她："你家里已经非常多元啦！"

世界本来是一个大花园，每个群体都如同这花园中不同的物种，因为不同才有美的出现，因为不同才更需要彼此。颜色、形态、生命方式、绽放的季节各不相同，各有美好的展现。旅居德国的中国设计师的一组东方和西方的简明视觉表达，东西方的差异一目了然，从吃饭的方式，到对待家庭成员，根本是不同的，但又如何能分出高下，又哪里有必要必须分出高下呢？

我们成长的环境还是相对单一的文化，很容易陷入一些思维的窠臼。而逃脱这些限制的第一个努力就是先放下自我，放下比较。比如没有必要一定去争论哪种人比哪种人更高级。

作为父母，我们也全然地给孩子信任，不去局限他的选择，相信他的心自会做出判断。不是强迫孩子爱古典或爱什么类型的艺术，孩子本身没有门第之分。最大的不公平就是从未体验过多元的艺术和文化，心就封闭和枯萎了。

好的内容是全民审美的结果，能看到什么电影和听到什么歌和每个人都是相干的。看《小时代》还是听《小苹果》怪不到别人，我们都至少努力给孩子多点选择……各位父母的审美，决定时代的样貌……

学会欣赏人的不同方式之一当然是旅行，去看、去体验多元的文化和人的生活。来自人民网的报道说，2014年，中国内地公民出境旅游达1.09亿人次，2015年1.2亿人次。这意味着什么？假期的时候去著名景点基本普通话是可以通用了。我认得一个"酷爱"旅行的人，去过的地方很多，但是只去著名景点合个影，在博物馆重点逛博物馆商店……了解一个地方的风土人情也需要走进真实的生活，去接触当地的人、当地的食物，甚至有意识地离开传统路线。

在第一次碰到一个文化现象或者看到一个艺术作品的时候，基于我们自己的成长环境、文化背景和个人经历，我们自然会形成一个自己的态度和看法。无论我们的态度是否表达出来，我们都可以意识到，这只是若干看待这个事物的角度之一。可以自由地表达，不必一定比他人更高明。

在2016年美国幼教大会上，我参加了哥伦比亚大学教师学院的 Mariana Soto-Manning 组织的一个工作坊，她给大家分享了关于儿童文学及写作的教学策略，她认为重要的是把家庭和社区作为教育的资源，帮助孩子接受自己的文化并欣赏多元。一个从不同文化移民的男孩叫 Rene，在英文中，这是非常女性化的名字，上学第一天就有小朋友告诉他："你应该换个名字！"由此带来一个小小的写作项目："我喜欢我的名字"，每个孩子都去了解自己名字的由来和历史，一个4岁女孩写道（在一定的帮助下）："我妈妈说我是一个奇迹，所以我的名字是倒着拼写的 Heaven。"一个中国移民的孩子则写道："我的妈妈叫我宝宝，意思就是 baby。"……聆听其他同学自豪地讲述自己的故事，不仅使小朋友们获得文化和身份的自信，更获得了如何尊重多元化的体验。

发现一天中的意义

被同事发现我在听龚琳娜的电台节目，他们笑问我是否会在车里大声唱神曲之类，但也有认真地问为什么听这个奇葩的不好定义的艺人的节目。《忐忑》这类风格的音乐显然不适合放在我常常播放的 list 里头，在偶然的一个音频平台里听到这个从体制逃脱出来的艺人以一个研究者的角度研究发声，从多元的发声的方式、音乐的文化背景做研究，有一些非常有趣和生动的发现和表达。买了节目之后，我发现其实是非常适合和孩子一起听的，她会在《教你唱歌》的系列节目里面用到很多不同音乐形式的 sample：京戏里的花脸和旦角是怎样发音？真假声的无痕变换是天后的特色？但为什么德国民歌里一定要特别留下真假声变化的痕迹？既然妈妈要听这些奇怪的内容，那娃就一起吧！

在我没有专门搜集的数据里，2016 年，在北京至少有三所超大型的国际学校在北京开始招生。全部是外籍教师和管理团队，显然父母们对教育升级的需求是如此强烈，即使学费不菲，家长们依然努力着憧憬着急迫着。

把学习放到一生的时间轴上，就不会有搜寻救命稻草般的急迫，有意义的学习就是一条兴趣引领的绵延不绝的路，而不是达到某个目标就虚空下来，费尽十几年的时光，爬上顶峰，考入名校，却一片迷茫。这些基于热爱的开放、主动的探索，或许从许多方面看都不是最完美的呈现。这个过程除了高品质的学校教育，更有价值的是父母的陪伴。一个朋友把读一年级的孩子送到寄宿制国际学校，每天在朋友圈发着她的思念，我忍住不要打击她，请给自己多一点信心，**妈妈和他多在一起带来的养分超过任何一所学校所能给予的。**

儿童早期的成长和变化是突飞猛进式的，忽略了亲密的陪伴，会轻易错过很多有意义的时刻。有个家长朋友转发了一位老师的阅读教学的文章，在模仿一个美国的"百万俱乐部"——阅读量达到一百万字的孩子就获得一个特别荣誉。对老师的努力敬仰之余，我还是对这个方法保持怀疑，我翻看了关于"百万俱乐部"的原文，果然有读了九十八万字达不到标准而进不去的沮丧小孩，可是他也真的很赞啊，阅读本身就已经是一个巨大的奖赏，已经是意义所在。或许和孩子一起模仿德国民歌发出怪声笑到肚子疼也是一种意义吧。

作为孩子的生命合伙人，我们热爱生活，那就和孩子一起去成就他的样子，一起去全身心倾听，发现每天的意义，被滋养，被感动。

感谢孩子给了我第二次生命

曾经，我是一个很宅的人，生活轨迹基本是从家里的地下车库到公司的地下车库。工作是生活里的唯一，在没有智能手机的时代，凌晨一两点钟的邮件都可以及时回复。那个时候的我对于"婆婆妈妈"的生活话题非常抵触，我需要和追求的是效率和意义。孩子的出生彻底改变了我，十年过去，看着两个孩子的成长，看到自己的变化，对生活唯有感激。

孩子让我们更努力地成为一个更好的人，他们像一面镜子，让我们看到自己的不完美，看到我们如何成为今天的自己，给我们机会弥补自己成长的缺憾。

人生重新开始

无论养娃是个意外还是准备已久，永远没有一个百分之百准备好的妈妈。孕期读了许多的育儿书，自以为已经母爱泛滥，可是在刚看到出生的大宝，一个紫紫的皱皱的小东西在凌晨3：46出现，分明没有爱意奔涌，而是一种陌生感，这是谁？千辛万苦就为了带他来这个世界？

时间是个神奇的东西，只有和他近距离地一天天地一把屎一把尿地拉扯过，看他翻身坐起来爬行和行走，牙牙学语，开始互动……对他的秉性需求才有更多了解，才真正认识这个世界上独一无二的生命，才能够解读他的眼神、动作、呼吸节奏里面蕴含的意思。

大自然里只有人类的孩子要经过如此之长久的养育才能够独立生存，我想，除了人类父母要投入更多精力和辛苦，也只有我们可以从中领悟到这其中的意义吧。

为什么有那么多的育儿领域研究还有不同的流派，比如按时喂养还是按需喂养，比如如厕训练还是把尿，比如睡眠训练还是顺其自然，比如早点儿断奶还是必须喂到一岁以上……为什么这么多的问题并没有一个定论？为什么没有一本权威手册全面告诉我们每个孩子该怎么培养，一二三地给我们所有绝对正确的答案？

在大宝前三个月的时候，我是一个焦虑的新手妈妈，用了两个月月嫂，每天买买买。因为我相信用钱可以解决的问题就不是问题。但是我错了，每每后悔没有在那两个月好好地多抱抱他，买了一堆堆并没用过几次的东西，占地，又不环保。加上当时看了很多类似男孩三岁前必须怎样怎样的书，看得我更加紧张，不想错过任何一个"开发"潜能的过程。

一个一岁男孩的妈妈朋友困惑于自己的养育方式不够好，十年后不再焦虑纠结的我会告诉她："亲爱的，如果需要，我一定可以给你的养育方式找到一个理论流派的支持……"是的，如果这是你和孩子当下最适合的方式，那在世界上一定有许多妈妈已经用这个方式成功养育过孩子，你且这样做吧，即便身边有人认为不那么"科学"，你也要相信做妈妈的直觉，只有你知道这个小生命的独特需求。

每个人在这个世界上本来就是唯一的，我们存在的价值便在于我们每个人的唯一性。朦胧地意识到这一点，始自大宝三个月的时候，一位邻居妈妈推荐的《育儿宝典》，这位已经去世的老人家松田道雄在这本改了很多版本的育儿书里，不断强调每个孩子需求的不同，多吃一点少吃一点，多睡一点少睡一点都是正常，因为本来需求不同而已。

人生的重新开始就在于认识到每个人的唯一性，从这个原点开始爱自己、爱孩子，发现和珍视我们身上的唯一。

太阳和乌云都爱我们

一直很羡慕养了女儿的妈妈,一个朋友在女儿9岁的时候跟我说:"我和女儿都可以一起逛街了,在更衣间里玩得很开心。"我遗憾的是那么多粉粉的小纱裙没有机会买给孩子穿,或许这就和很多爸爸早早买电动玩具弥补自己儿时的缺憾一样吧,得不到的就成了一个小小的情结。

当然我知道,无论男孩子女孩子,他们的灵性都是最美好的,他们对自己在这个世界的位置是肯定的,在成人世界对他们指手画脚,教育体系对他们打分排序之前,对自己也是全然接受。下面的对话来自前主持人妈妈、作家宁远的一个演讲视频,很典型的00后对自己的确信。

女儿:"妈妈,你看太阳出来了。太阳照在我身上了,太阳看到我了,这就表示太阳觉得我很美。"

妈妈:"是这样吗?那如果太阳被乌云遮住了,是不是就表示太阳觉得你不美了?"

女儿:"不是呀,不是这样的。"

妈妈:"那是怎么的呀?"

女儿:"如果太阳被乌云遮住了,那表示乌云觉得我很美呀。"

看世界的角度可以毫不费力地达到这个标准,真的是给大人们好好地上了一课。我们每个大人经过了长期的比较、竞争,几乎都有了一个"看乌云"的本领。

在朋友圈看到一个妈妈发的照片,不错的、很自然的儿童摄影作品,小姑娘在阳光下荡着秋千。可是妈妈配上的文字是"一口坏牙，我不是个好妈妈"之类的。只看到乌云的妈妈真的破坏了这个美好的画面，估计所有看到的人都把目光聚焦到那个不那么完美的地方上。而那是多么肆意地笑着的孩子，多么美的一个生命啊！

关闭焦虑的目光吧，我们都在努力地靠近完美，这个过程足矣。养育过程中的问题、遗憾每个人都有，每一段人生都是财富。一起向孩子学习和修炼，把"阳光、乌云都爱我"的眼神放到我们的目光里才能获得幸福感。活在这一刻的美好里。

《PET父母效能训练手册里》提到一句谚语："如果你总是对一个孩子说他很坏，他就会真的变得很坏。"对于孩子行为层面的暗示，越是强调孩子某个方面的问题，反而会强化他的行为。比如催促孩子"不要害羞，快打招呼"，反而会让孩子感觉到"我是害羞的"而不去打招呼。这方面已经有很多阐述，**我们只需要把孩子按照我们心目中最理想的样子来对待，他自然就会往那个方向生长。**

人生终极问题

当我们大人到了一定的年纪就养成了很多习惯，却忘记了自然。我们忙于应对每天的繁忙操劳，以为在忙了不起的大事。我们把色彩鲜艳的、小猫小狗的、大人臆想的、适合孩子的、有"童趣"的内容给孩子，却忽略了一个根本的真相：孩子关注的是生命的宏大主题，他们思考的是人生的终极问题——从哪里来，到哪里去，生与死……

这些小小哲学家努力在弄清书里的、身边的各种事物的关系，他们不断地吸收，不断地把新的观察和大脑中已经有的内容创造性地联系起来，形成他们的思想体系，一个多么神奇的过程！

小宝坐在地上边系鞋带边对着天空说："hi，爸爸，我们一起出去玩吧！"脸上满是灿烂。这一刻我讶异于孩子对于灵魂永存的无师自通。

大宝边戴口罩边说："我有个办法，每家都把空气净化器搬到外面，就把雾霾吸没了！"我说："可是没用的，那么多工厂还是会排放污染的。"他继续问："为什么他们要排放污染？"这一刻，作为成人世界的一分子，我是如此汗颜。

大人在成长的过程中失去了生命的本真的能力。比如无条件的爱，比如全方位吸收的心灵，比如面对美好的一股洪荒之力的热情。

作为妈妈，我曾不止一次被问到对于妈妈的终极问题：你希望孩子长大成为一个什么样的人？我也用这个妈妈终极问题问了许多朋友，下面是大家的答案：

◆有一两个热衷的爱好，有一两个贴心的挚友。能坚韧地面对困难和挑战，更能享受平静的美好，不过分用力地生活。独立，有担当，内心平和向善，足矣。

◆希望我的孩子长大了，是个勇敢、有爱心，能独立的人。

◆希望他健康、快乐、独立、力求上进、有爱心、善良、正直、懂得感恩、懂得回报，能推动社会进步的人。

◆希望他长大以后热爱自然，精神殷实，善良有爱心，乐观勇敢，有能力去创造自己想要的生活。

……

你回答的版本又是什么？不妨在这里完成这句话：我想让他长大后成为一个（　　　　　）的人。

这些关键词：健康、爱心、勇敢、独立、担当、快乐、自由、责任心……我也想我的孩子都有，要孩子成为这样的人，我们又该做些什么呢？

既然没有一本指导手册给我们全部的答案，这个妈妈的终极问题的答案只能从每个人的实践中来，如果你问我的版本，有点俗：我想让他成为他自己。我相信这些美好的描述，他在生命中都已经带来，我每天看到这些美好在萌发，只祈祷他们越来越长大还可以继续绽放，坚定地做那个最真实、最好的自己。我想做好他生命这一段的"合伙人"，给他我能够有的支持，艺术、自然、生活……过好每一天。

合伙人的身份是相互的，在孩子们的鼓励下，我写完这样一本书。听说已经超过了十万字，正在学习写作文的大宝很夸张地膜拜，说他们的作文才写四百字。小宝更是兴奋地要求参与其中，他说在书上一定给他留下一个小方块："我要在上面画画。"

谢谢你们。

外 / 五个家庭艺术"实验"

无论什么时候，艺术创作都不会晚。作为父母，了解孩子的发展规律，观察他的兴趣，并且用有趣的方式来引导、讨论。相信我，这个过程中父母能够收获更多惊喜。

随时随地的线条游戏（2~7岁）
我们都是当代艺术家（3~10岁）
尝尝你的作品（4~10岁）
符号猎人（3~10岁）
小小收藏家（3~10岁）

一个远在日本一岁半的孩子妈妈辗转委托朋友问我，是否需要在家里给孩子一面涂鸦墙？多大适合开始正经八百地开始学艺术？同样的问题很多人问过我。我的回答是，无论什么时候，艺术创作都不会晚。作为父母，了解孩子的发展规律，观察他的兴趣，并且用有趣的方式来引导、讨论。相信我，这个过程中父母能够收获更多惊喜。

曾经在公众号上分享过一些自创的"零基础爸妈玩儿艺术"的小游戏，很多朋友很喜欢，和孩子玩儿得不亦乐乎。当然也有人说，有的游戏太简单了，孩子已经兴趣不大。的确，每个孩子的年龄、兴趣所在各不相同，而且同样的游戏，父母如何引导，是否在愉快的家庭氛围中进行都是影响因素，不要纠结于能否完成"目标"。

在刚开始做这些与艺术教育相关的事情的时候，虽然几乎读过能买到的所有的艺术教育书籍，也实地带娃"考察"过不下20个艺术教育项目，但是我还是很忐忑。但当我把自己做的事情当作"实验"性质的时候就释然了，因为实验是允许"失败"的！

这里推荐五个原创的家庭艺术"实验"，是成功率比较高，孩子们反馈很不错，可以随时随地进行的实验。这些"实验"可以给孩子一个新的角度关注（以及思考）到身边的艺术、视觉、文化环境。

这五个艺术"实验"可以举一反三，根据孩子的兴趣进行调整，如果孩子很喜欢，就可以让"项目"一直持续；如果不感兴趣的话，就可以暂停，然后再找机会尝试。最重要的是父母和孩子在其中都是开心的，没有一名裁判来评价和评分，带给孩子的是"愉快地玩儿"的体验。

随时随地的线条游戏（2~7岁）

这是一组给"零基础"父母设计的涂画游戏，和孩子一起拿起画笔游戏互动，这不是一堂"课"，更像是随时可以进行的"疯玩儿"。

破译线条的秘密

线条是组成一切形状的基础，随着线条走向的变换，没有人揣摩得到艺术家的疯狂想法。现在你就是那个变化无常的艺术家，用神秘的线条勾勒你的梦想，而侦探要跟随你的线条破译你的想法！

准备材料：白纸、细笔（削好的彩色铅笔）、粗笔（粗一点的马克笔），或者手边可用的任何一种纸以及颜色不同的两支笔都可以。

游戏规则

（1）父母和孩子组成1对1的一组，石头剪子布赢的人作为"大师"，先画。

（2）大师每次用细笔画一笔，侦探用粗笔跟随覆盖大师的线条，同时猜大师画的是什么。

（3）侦探在大师画完前破译出线条的秘密，就可以转换身份继续游戏。

家庭实践案例

妈妈画，大宝破译

妈妈大师画,侦探大宝猜,第一笔猜是"屁股",画到这儿猜是"白云"。

还是"白云"?

加了下面这笔,大侦探就猜出来啦,是"鱼"!对啦!

画鱼点睛,完成啦!

小窍门

(1)这是一个画得越不像越好玩儿的游戏,适合零基础爸妈!

(2)随时可以和孩子玩儿,有张纸有两支笔就可以,想画啥画啥,中途改变主意也完全没问题!

(3)看孩子心情,玩儿多久都可以。或者变成孩子自己涂色画画也没问题,主要目的是家长和孩子一起拿起笔涂涂画画,共同拥有美好的时刻!

我们都是当代艺术家（3~10岁）

很多时候，艺术家们的重要工作，就是去尝试不同的材料和机理及不同材料的使用可以带来什么特殊效果。很多当代艺术家在创作当中会用到的不那么"艺术"的材料，没准就是身边最常见的甚至被忽略的材料，因为除了画笔外，有许多工具可以让我们在画面上留下不同的痕迹。和孩子赶快去翻翻家里有什么能用得上的工具吧。比如梳子！可以同时在纸面上形成多条痕迹。还有呢？牙刷？是的！沾满颜料的牙刷可以在画面上形成繁星的效果……

这里给大家介绍五种超乎想象的神奇材料，和孩子们一起开开脑洞，用当代艺术家的眼光重新检视一下家里还有什么可以用来创作的材料吧。

爸爸的宝库：剃须泡沫、白酒

剃须泡沫

◆评价：第一次觉得爸爸的胡子不再只是扎人的"邪恶"武器了。

◆用途：可以用来制作非同寻常的画面背景和拼贴效果。

◆你需要准备的工具：

· 刮胡泡沫（最好是没味的）

· 透明的塑料盘子

· 纸巾

· 油画刮刀（钝口刀具或者孩子玩具刀片均可）

· 水彩颜料、妈妈废弃的指甲油、各色的墨水等液体颜料

· 画面：画布、画纸、画板

◆操作步骤：

·在工作桌面铺上一层旧报纸或者废旧餐布。

·把刮胡泡沫喷在塑料盘子的背面，手边常备纸巾。

·用刮刀平整泡沫，大约1.3厘米的厚度。

·将液体颜料滴在泡沫上（第一次滴颜色不用太多，先做尝试）。

·用刮刀对泡沫上的颜色进行调和（手法：打圈）。

·将泡沫倒扣在图面上，可以轻轻旋转，再进行按压。

·将塑料盘子从图面上拿下来，然后用刮刀将泡沫及颜料在图面上涂抹开。

·将多余泡沫从图面上刮下来，重新涂在盘子上。重复以上步骤，直到画面呈现满意的效果。

◆提示：因为刮胡泡沫的质感很容易让人想到美味的奶油，爸爸、妈妈和宝贝们创作的时候可不要嘴馋地吃进嘴巴里哟。

白酒

◆评价：除了可以消愁外，在画板上，白酒还有更神奇的力量。

◆用途：可以用来创作不同效果的艺术画。

◆你需要准备的工具：

·笔刷

·水粉颜料

·画面（画布、画板、水彩纸）

·眼药水滴管

·爸爸的珍藏白酒

·喷壶

◆操作步骤：

·使用干净的笔刷，将稀释过的颜料涂抹在画面上，使得颜料保持乳液状的黏度。

·在画面尚未干透的情况下，在画面上滴几滴爸爸的珍藏白酒。几秒钟后，画面上的颜料便会晕染出圆圈的效果。

·待颜料干透后，可以使用喷壶喷洒酒精，这样会在画面上形成满天星的效果。

◆提示：建议把颜料涂在有背景色的画面上，这样晕染后会有颜色层叠的效果。

妈妈的藏宝箱：

洗洁精或肥皂

◆评价：我们的目标是洗掉一切。

◆用途：会形成有趣的画面效果，进行部分镂空。

◆你需要准备的工具：

·水彩颜料

·清水

·塑料盘子

·笔刷

·洗洁精或肥皂

·电吹风（可选）

·湿纸巾

◆操作步骤：

·将颜料与水混合稀释。

·用笔刷将薄薄的一层颜料涂抹在画面上，在颜料还湿润的情况下，滴上洗洁精（喷上肥皂水）。可以竖立起画面，让洗洁精（肥皂水）流淌，也可以就让它在原地静置。

·等颜料干透或借助吹风机把颜料吹干，用湿纸巾擦去画面上洗洁精（用干纸巾轻按画面）。

·根据需要增加不同的颜色，重复以上的步骤。

◆提示：把控好颜料的黏度和多多尝试是成功的关键！

塑料保鲜膜

◆评价：让蔬菜水果新鲜，在制造纹理方面我能继续发光发热。

◆用途：可以制造出丰富的纹理。

◆你需要准备的工具：

·笔刷

·水粉颜料

·画面（画纸、画布、保鲜膜）

·塑料保鲜膜

◆操作步骤：

·用笔刷将颜料涂抹在画面上。

·在颜料尚未干透时，将保鲜膜覆盖在颜料上，按压或拉拽，以便保鲜膜的纹理转印到纸上。

·等待颜料干透后，将保鲜膜从画面上慢慢揭下来（在颜料尚未干透时，揭下保鲜膜形成的是柔软的纹理；而在保鲜膜干透后揭下留下来的则是清晰的纹理）。

·可以增加颜料色彩，重复以上步骤。

◆提示：一定要在颜料湿润时就把保鲜膜按压在画面上，这样才会形成清晰的纹理。

盐粒

◆评价：不单是调味品之王，在形成斑点这方面的表现依然可圈可点。

◆用途：盐粒能够吸收自身周围的颜料，使画面呈现出深邃而又神秘的"星空特效"。

◆你需要准备的工具：

·笔刷

·水粉或水彩颜料

·清水

·画面（画布、画纸、水彩纸）

·大小不等的盐粒

·纸巾

◆操作步骤：

· 将所选择的颜料和水进行稀释，颜料的厚度类似于脱脂牛奶。

·在湿润的颜料上，撒上大小不等的盐粒。

·等待颜料干透后，用纸巾将盐粒从画面上清除干净。

◆提示：尝试用食盐、海盐及粗盐等不同大小的颗粒来实现不同的画面效果；等待1~2个小时就应该清除盐粒，不然它就会粘在画面上，无法清除。

除了以上五种材料外，你还能想到了什么神奇的材料呢？厨房里、洗浴间里、衣橱里，只要你开动脑筋，就会发现艺术创作不只是用笔在纸上画画这么单调。其实身边有很多材料都可以用来进行艺术创作，只是我们还没发现它们的神奇用途而已。有时间的话，赶快和孩子在家里尝试一下吧。

尝尝你的作品（4~10岁）

蒙台梭利提出的"有吸收力的心灵"说到了孩子"学习"的本质：开放的感官，全方位地吸收就是孩子们学习的根本模式。在很多艺术家的创作中，不同感官之间的转换也是常见的模式。一个有趣的艺术实验可以帮助家长和孩子一起体验这样的转换。

这个"实验"的灵感来自蝌蚪同学带孩子参观中央美院2016年毕业展时看到的一个作品。作品通过扫描，分析出世界名画中每种颜色的比例，并通过事前的调研，了解到公众对于每种颜色对应什么样的味觉体验，比如黄色＝柠檬，绿色＝黄瓜，等等。作品的最终呈现是每幅名画对应按照比例调和的一瓶瓶混合果蔬汁。

好，家庭实验开始，尝尝你的绘画作品！

◆设计颜色品尝体系，准备3~5种颜色，决定颜色之后，和孩子去厨房或超市选择对应的果蔬汁。

◆比如选择了黄、红、绿三种颜色，根据孩子的口味讨论决定：黄色对应橙汁，红色对应草莓汁，绿色对应猕猴桃，紫色对应葡萄汁，等等。每个孩子都可以自行决定，如果选择黑色，则他要考虑黑色用什么来呈现。

◆在有格子的纸上用选好的几种颜色绘画，任何主题都可以，尽量大面积地涂色。

◆作品完成之后，一起数每种颜色各占了多大面积（多少格子），然后算出每个颜色相应的比例（大致即可）。

◆把每种颜色对应的果汁按照比例勾兑（大孩子可以用量杯，很精准，小孩子可以用小器皿或勺子）。

◆完成之后，就可以一起"品尝"孩子的作品了。可以把配方写在作品的背面或说明处。

当我们还局限在"画画"这件事的时候，艺术的发展已经越来越"观念"。因为技艺的比拼越来越不重要，创感时代机器和软件可替代的只懂技艺的工匠的价值江河日下，任何传统所注重的精美特质和技法，如果不为创造性服务，就要被降为次席。作为一个人的真实体验和表达，艺术越来越为自身而存在。

符号猎人（3~10岁）

有一天开车带着小宝去上班，路上有很多电动车、自行车，一晃而过的人群里有人穿着黑色的T恤，后背是一个紫色猫头鹰的图案。小宝问我："你知道那是什么吗？我们在电梯里也见到过的。""什么？""就是logo呀！"真的不知道这个词他从哪里学的。

的确，符号已经塞满现代人生活的缝隙，难得的是，真的在铺天盖地的视觉符号中被记忆到。小宝还跟我普及，他们是上门做美容的！我从没叫过这个服务哟，他是如何知道的呢？

在符号期，给孩子介绍一些文化代码（他们自己也会发现），掌握思想和文化领域中的一些规划，并且最终应用，孩子们也可以用更为创新的方式去进行实践。

好吧，这个符号猎人的游戏是鼓励孩子们去发现生活中不同的符号，比如电梯间的广告，各种儿童产品的logo，如果一款牛奶用大眼娃娃的形象，那为什么要这样设计呢？带孩子们去不同的环境里就更可以鼓励他们去发现、解读这些符号。

◆ 卫生间符号

这几乎是设计师们最喜欢的设计主题了吧，最基本的是高跟鞋和烟斗的形象，但凡有点追求的设计师都会做出不同的形象。无论是否识字，都也可以让孩子看过不同的符号之后设计出自己的专属符号。

◆ 名片

名片虽然用得越来越少，但依然是商务交往中的一个元素，爸妈们每天忙着在外头交换名片，是否跟孩子们讲过自己的职业和工作内容？爸妈可以很认真地给孩子递一张自己的名片，解释上面的职务的意思，公司的 logo 的意义（很多公司的 VI 系统或文化体系里都有通用的解读），也可以让孩子反馈他们的想法。当然，也可以鼓励孩子给自己设计一张名片（现在的或者 20 年之后的），给他的公司设计 logo。

◆门牌

家里的门牌掉了之后，我和大宝一起做了一个门牌，鼓励他用歪歪扭扭的笔迹写上号码，已经用了几年，每次娃都很得意地指给别人说，这是他做的。现在小宝要上学了，正在想，鼓励他学好写字是不是要重新设计一个了？任何孩子做的设计，如果对家庭生活有实用的价值，对他们来说都是个很大的鼓励，因为他们真正为家庭生活贡献了自己的创造力。

当然，设计门牌之前，可以搜一些不同的创意图片，讨论家庭的风格，来激发孩子用艺术来表现。

◆重新设计电器或衣服标签上的符号，为什么喜欢？为什么不喜欢？为什么做出改变？寓意什么？以此类推，可以延展出非常多的符号猎人的游戏，在发现和解读符号的同时创造意义。

和孩子度过高品质的时光，可能的话，持续地记录下这些时光。你也可以开发更多脑洞大开的创意陪伴方案，通过发现、设计符号来记录家庭生活和有意义的亲子互动。

小小收藏家（3～10岁）

很多艺术领域的概念逐渐被"供奉"起来，比如收藏，因为被权威左右的话语体系，中国收藏的"二级市场"一直都没有真正形成。Artand是一个新型的艺术社交App，真实的艺术家在上面发布自己的作品，并且可以直接向艺术家购买。类似的方式更加轻松和个人化，代表着收藏的未来。

当然我们不会从小就让孩子去做真的收藏家，但这是每个孩子的兴趣所在，每个物品都有可能发展成有趣的收藏主题，要知道，著名的大收藏家们更是用主题式收藏的方式，让藏品更有价值。引导孩子的兴趣，建立一个小品类的收藏，在其中学会分类、整理、记录，随着年龄的增长不断丰富，就像小时候有人集火花，长大看到这些藏品是很多美好的记忆和感动。

其实无论你是否支持孩子做"收藏家"，他们在特定的时期都会对一些不同主题的小玩意儿感兴趣，就像小宝是个贴纸大王，搜集不同的贴纸，"舍不得贴"，都保存在自己放宝贵东西的小柜子里。

与其关注收藏玩具，不如把目光更多地锁定在日常的物品上，最好是自然的物品，几个小主意给大家开开脑洞，比如：

（1）收集不同形状的落叶，标记和记录日期，捡拾的地点。

适合植被比较丰富的地区，时常可以有不同的发现。根据孩子的年龄，用不同的方式，做标本或者描绘外轮廓形状，然后在轮廓里画出当天的故事……

（2）寻找特别颜色和形状特别的小石头，给每个石头起名字，编故事，穿（画）衣服。

比如"机器人形状"的石头，和小男孩的兴趣相关，并且真的需要花心思去慢慢找，也要有特别的眼光去看待这些小石头。

（3）搜集贝壳小纽扣，或其他材质（最好是自然）的纽扣。

可以向妈妈和阿姨寻求帮助，按照颜色或规格分类陈列；可以用硬纸板提前涂上对比色作为背景，搜集到了新的，就安装一枚，每一枚纽扣都可以有故事或名字、日期等等，或者画下纽扣曾经属于的衣服的样子，如果不知道就自己设计一个。

收藏最重要也最有意思的一环其实是搜集的过程，所以即便孩子的主题收藏并不金贵，这些"藏品"也一定不能一蹴而就地买回一堆，而是在日积月累之中和孩子一起满满地积累下来，体味期待和发现的惊喜，时不时回味把玩它，以及讲述与之相关的故事。邀请朋友帮助一起搜集，和客人分享、欣赏自己的收藏，这都构成了"秘密家庭艺术语境"的一部分。

在品位越来越个人化的时代，从小培养这些"收藏家"的独特眼光，换个视角会发现很多日常物品忽略的价值，也让孩子更珍视周围的一切。

代后记：你们的世界和我的不一样
——假装 N 年后给娃的一封信

这是一篇在公众号上的约稿，发布于2015年6月，作者是我的先生、艺术家刘炼。他在2015年8月意外辞世。庆幸软硬兼施地约稿，这封信对孩子们是一份珍贵的纪念，收在这里，感谢一直鼓励我追随初心的先生，纪念那些一起谈谈美和艺术的时光。

蝌蚪、悠然：

作为一个父亲，我并不算很称职，有时候对你们很凶，有时候也会因为你们淘气生气，但是在我的眼里，你们总是与众不同的，爸爸为你们感到骄傲和自豪，虽然你们并不是旁人眼里所谓的天才儿童或者传统上的"优秀"，但是上天给了你们独特的礼物。

记得从很小的时候，蝌蚪很喜欢画画，虽然没有什么所谓的造型等技术能力，但是作为你们的父亲，我不喜欢把我对世界的看法强加给你们，我也是画画的，看到的是你的世界和我所看到的不一样。你们画画的目的更多是一种自我故事的演绎，不管画得多么抽象，都能展示一个完整的故事。也许一根线条在你看来就代表了一个故事的开端。所以，如果你不提出需求，我就觉得没必要插手，也不需要太早去学习各种技巧，因为你们的奇异世界大人是不懂的。

我经常带你们去工作室玩儿，让你们在工作室感受绘画的氛围，随意地去乱涂乱抹，慢慢的，你们的嘴里也蹦出各种专业术语，什么抽象、当代、观念等等。如此潜移默化的影响，你们虽然不知道这些词的含义，但是在心里会把这些词和一些形象挂钩了。记得有一天,开车带你们出行,一辆装满白色垃圾的大货车从旁边飞驰而过,歪歪斜斜,造型奇特。蝌蚪很惊讶地大声说:"爸爸,那辆车好当代啊!"我问道:"为什么你觉得它很当代呢?"蝌蚪说:"因为很多白色的垃圾在车上,它们显得又大又酷,和别的东西不一样呗。"我不禁哑然失笑,没想到孩子这小小的眼里可以把这样的情景和这个词相连,而我们大人其实很多时候是看不见的,你头脑中的奇特世界的景象和我们所看见的不一样。

有一段时间,蝌蚪喜欢画各种机器人战斗,你给我看画的时候,我只看见无数的线条和各种颜色,在你的诠释下,我才知道那些线条代表了各种机器人,色块代表了城堡,还有鱼是可以在天上,鸟也可以在水里,这种天马行空的想象力是我们这些成年人根本不敢去想的。我们每个成年人都应该为孩子们的天真和大胆的想法鼓掌,孩子的思想还没有受到很多约定规章的限制,在你们的心里,才是一切皆有可能。

当然,你们也很喜欢去看各种画展,不对,应该是更喜欢去参加开幕式,不是一般的画展。原因很简单,开幕式上都有各色点心小吃,而画展只有画,没有吃的,吸引力就差了点。无论因为什么原因去看画展,亲近艺术总是好的。

慢慢的,你们长大了,弟弟也开始对画画感兴趣。悠然,你还记得吗?当你看到哥哥、爸爸都要画画时,你也开始主动地加入我们这个游戏。有一天,当你看到屋里挂满哥哥的画时,就把你的作品拿出来,说:"我也要做个展览。"我们告诉你,没地方贴了,你这个小家伙却提出了很有创意的想法:"把我的画贴在身上,不就可以展览了吗?"于是,你把自己变成了世界上第一个移动人体美术馆!

悠然4岁,哥哥8岁的时候,悠然对画画的兴趣好像超越了哥哥，而且画得相当快。当然，你的风格和哥哥大不一样，虽然开始都是抽象风格，但是你画画的时候喜欢线条和格子，每次你给我看刚完成的作品时，不管画的是什么，都会告诉我画的是车，而且特别自信，这种自信才是你们最宝贵的财富！很多人总是以孩子画得像或者不像来作为好坏的标准，可是对于艺术来说，享受艺术的过程，在画画的状态中感受到喜悦才是真正的核心。悠然，你知道吗？有不止一位艺术界的叔叔阿姨来到画室看到你的作品都赞叹呢！我都小小地嫉妒啦！

悠然，你的秩序感特别好，对画画这件事也非常严肃认真。记得有一个阶段，你坚持不说"我的画"，非常正式地一再强调"这是我的作品。"是呀，你的每一幅作品都是独一无二的表达，希望你能一直带着自信在你方方正正的"格子"世界里，快乐地走下去。

你们的世界和我看到的不一样，让我不要去打扰你们，让我在旁边安静地看着，让你们自己慢慢长大。谢谢你们也给了我机会，让我再一次成长。

爸爸：刘炼

2015年6月

跋：用心抱抱，你生命中的合伙人

《等世界给予，不如自己成长》作者，
音悦台创始人，乐评人、译者　时颖

我和蝌蚪妈①的交集，源于十多年前曾服务于同一家外企。

我一直都觉得，同事是一种缘（好俗气的比喻），就是说它不是结果，也不是原因，就是一种把人与人连接起来的——际遇。

所以人与人的连接，并不是随波逐流的，而是在共同的平行空间里；有没有同一频率的吸引力，而最终决定彼此，后来会有多少的交集。

我和蝌蚪妈的交集一直继续着，身姿臃肿的时候，讨论着产检的问题；带娃到暗无天日的时候，讨论着幼儿园的话题；创业的时候，彼此分享一些行业心得；到了今天，又常常互通一些关于出版的经验。

同为人父母，很期待有这样一本书，给予自己一些内在的引导，告诉自己：慢慢来，比较快。从带一个小朋友来到这个世界，就觉得自己所学一直在追赶她的成长，追来追去，后来还是觉得妥协更好。接受自己的无知，倒空自己，换位思考，与小朋友共同成长。

我从来不是一个典型的好妈妈，在小朋友二年级写下的作文里，别的同学形容妈妈是"慈祥啊""严格啊"，因为平时太喜欢编笑话，自己家小朋友对妈妈的评语是"幽默大师"，老师看了都有点崩溃，以为我职业是喜剧演员——但我有用心学习与

---

① 大宝小名蝌蚪，认识很久的朋友都顺口叫我蝌蚪妈。

感悟。

看了不少书,我依然觉得好的亲子关系是朋友,就像蝌蚪妈所写下的:"孩子是你生命中的合伙人。"比起教学方式、上几种培训班,我觉得最重要的,还是当你拥抱孩子,有没有心心相依的感受,当135CM的她坐在你旁边认真看着3D电影,165CM的你也会想把头靠在她肩膀,依赖这个小小的生命,用肢体传达真真实实的爱。

曾经参与过一次蝌蚪同学群的语音分享,引用了龙应台的那句话:"在所有的关系里,只有亲子关系是以分别为最终结果的。"很多妈妈听了都瞬间泪目,可这也是不能改变的事实。我们已经到了不断接受失去的年纪,失去青春,失去曾经,失去身边的人,失去某一种曾经不以为意的健康。

2015年8月的一个周末,我和蝌蚪妈匆匆做了一次家庭美育线下分享,就带着小朋友去暑期旅行了。路上听到了蝌蚪妈家里的变故,很震惊,也很抱歉没能在她身边去帮忙打理。盛夏的京都,那一天酷热难耐,脑中也空空回响地乱着,小朋友却非要缠着我去南禅寺爬山。

我明显有点中暑,坐在寺前的台阶上,不得不承认自己真的做不到。劝小朋友和她爸爸一起向上爬,而终于难得片刻的独处清静,才写了很长的微信给蝌蚪妈。告诉她,别忘了,未来的路上,有我们这些朋友的支持。

是的,有些事,我们必须承认自己做不到、会犯错、无力回天。很多时候,我们也是小孩子,那个产房里强撑镇定的你,那个晚睡早起苦苦平衡工作与育儿的你,也都曾是别人的女儿,无邪的新娘。也抱抱自己内心的小小的你吧,说声尽力就好。

希望书中文字能帮我们沟通,在共鸣中成长。

首先,我们接受失去,并且继续往前走。哀乐中年,同行者有很多。

其次，我们在平凡生活中继续寻找意义。我一直觉得好的艺术体验是五感的，平常日子也一样。看到好的绘画、听到好的音乐，还有对美食的品鉴力，在家居中注意气味的清新，时常拉着孩子的手，用肢体接触表达爱。生活即艺术，艺术即生活。这也是为什么我看到蝌蚪妈目前所做的所有事，都全力支持，并且相信会对早期教育行业，带来不一样的影响力。

最后，感谢每个人对这本书的支持。同为创业者，我知道一个女性在职场上，会面对多少的不容易；同为写作者，我知道用心敲下文字，是这个世界上多么珍贵的倾诉；同为一个妈妈，我知道我们有多少爱倾注在孩子身上，只是表达方式不同。

而同为一个生命体，我们也应该换位思考去感知，孩子有多么爱我们，依赖我们，你一直是被爱的。所以放下焦虑和冲冲冲，蹲下来，拥抱一下这个小小的身体，也是拥抱多年前小小的自己，同为生命的合伙人，共同成长，好好爱。

附件1 / 1~18岁艺术能力发展时间表

年龄	整体发展特点	艺术发展特点
幼儿 （1~3岁）	·活跃的手部运动学习者，大肌肉群发展时期 ·很难长时间集中注意力 ·家长、老师和身边的陪护人会是孩子主要的社交影响	·无规则涂鸦 孩子通常会在1~2岁之间做出第一个标记，这是随意的涂鸦。通常与孩子的肌肉发展有关 ·控制性涂鸦 在开始涂鸦6个月后，孩子开始有意识地控制涂写。也许大人还发现不了此时的涂写和以前无意识阶段的涂写有什么不同，但这些标记确是孩子艺术发展中的一个重要记录 ·给涂鸦命名 多数孩子在3岁半的时候就开始给自己的涂鸦命名了，这是在他们的发展过程中标志性的记录，说明孩子的思想过程现在已经从肌肉感觉转变到形象性的思考 这个时期色彩并不重要。孩子开始知道颜色的名字，但选择的颜色是他们碰巧喜欢的，而并非与视觉世界有关的那些颜色
幼儿园~ 年级 （4~8岁）	·很有学习的热情 ·有强烈的叙述冲动，并且通常是健谈的 ·学习是在探索与练习的结合中实现的	·图解（符号）的出现 4~5岁时，儿童的涂鸦线条变成了对人、动物和物体初步形状的描绘。运用不太复杂的形象叙述他们的想法，表明他们在思想认识上有了巨大的进步 随着儿童逐渐成熟，他们的示意会显示出更多的变化和细节，直到6周岁，绘制出的图形才能完全详尽

续表

年龄	整体发展特点	艺术发展特点
小学（3~5年级）	·这个年龄的孩子在精确的运动协调方面会有很大的改善。有能力参与到更精细的艺术创作活动之中或重新审视之前的作品，使之变得复杂 ·浮躁（restless），集中注意力还需要进行训练 ·小学期间的学生对于这个社会的了解是整个成长期最快的。对于各个方面的知识、技能都抱有很浓厚的兴趣 ·更能接受一些抽象的知识 ·在这一年龄阶段，友谊对他们来说极为重要	·会越来越减少对视觉表达的依赖，转向用文字去表达自己的想法和情感 ·"帮团时期"（gang age），更喜欢团队创作，和自己的朋友们一起完成作品 ·艺术创作倾向写实，可能多次描绘相同的物品和人物，其目的在于让作品变得更完美 ·已经准备好接受多方面的艺术产品，如指导素描学习的书籍 ·对于艺术形式和材料的探索会明显减少，并会对自己的绘画能力产生批判性的认识
6~8年级（10~14岁）	·感知能力更加成熟，对规则、习俗、约定等话题表现出兴趣 ·社会意识增长，开始对社会、政治和他们身边朋友的个人品质产生趣 ·这是一个转换的阶段，从同性朋友的交往开始有了异性朋友	·教育界的普遍共识是，这个年龄段的孩子在艺术创作过程中常常会把自己对于这个世界的困惑倾泻而出 ·创作中往往包含着深层次的情感，图像是质疑的、挑衅的、复杂的和具有美学挑战的 ·绘画的自觉性会减弱 ·倾向于用观察、想象/记忆和复制三种不同的绘画模式 ·青春期孩子的艺术作品的特点是表现现实和叙述表达。在他们的作品中表现出了对于细节的关注，对于颜色、设计和空间布局的兴趣

续表

年龄	整体发展特点	艺术发展特点
9~12年级（14~18岁）	·社会关系和流行文化对高中生会产生重要的影响 ·享受自己做决定的自由 ·在构建自我的过程中，倾向于变得独特和有个性，会认为别人尤其是成年人都不理解自己 ·但同时，他们也希望自己能够融入社团，并找到自己的成年人榜样或支持 ·有能力进行抽象性的和隐喻性的思考，并且视觉认知能力也将得到高 ·更专注，更投入，更能坚持	·这个阶段的孩子开始学着像艺术家一样创作：观察更加细致、有趣的、没有预想计划的探索；回顾和分析他们的创作，形成更加深入的艺术参与方法等 ·开始从艺术史中找到灵感 ·学着利用工具、材料和多种媒介来实现自己的创作 ·对空间中的物品的秩序产生持续的兴趣 ·他们的创作动机会来自于很多方面：感受、观察、技能、材料、想法，或者是对社会秩序的一种选择性或批判性认识

以上框架基于以下资料综合整理，并根据蝌蚪同学艺术教育实践略有调整。

◆ Child Development and Arts Education, A review of Current Research and Best Practices, College Board for the National Coalition for Arts Standards January, 2012
◆《儿童早期艺术创造性教育》芭芭拉·荷伯豪斯　李·汉森著　邓琪颖译　广西美术出版社　2009年12月第1版

附件2 / 家庭艺术教育工具的使用参考

不断被妈妈们问到底应该买什么样的艺术材料,什么样的纸和笔适合什么年龄的孩子。既然总是在说要给孩子随手可得的创作工具,看来也是有责任把工具这件事阐述清楚才行。

生活水平提高了,现在孩子拿到一个新的材料已经不那么稀奇了,不过合适的材料不是买得多的意思,而是要在使用的过程中既能尽情挥洒创作,又不会刻意地浪费。使用之后的归置等等都是尊重材料的表现。

对孩子来说,不是颜色越多就越好,太多的选择其实会干扰到孩子的专注力。颜色的提供上,5岁之前2~4种,大一点的孩子8种就可以。选择越少,孩子的专注力越会放在眼前的绘画上。

家长在给孩子选择适当的艺术材料时应当参考以下几条原则

开放性: 开发创造力的材料一定是简单的以及没有唯一正确玩儿法的,就像玩具一样,孩子可以玩儿一下午沙子乐此不疲,而电动汽车等电动玩具却会很快玩儿腻。

丰富性: 制定家庭收集清单,定期整理家里的针线和手工材料(纽扣、边角料、碎布头、纱线和缎带),以及一些被丢弃且可另作他用的材料(塑料瓶盖、洗涤瓶、餐盒、厚纸箱,以及各种规格的铝箔罐)。

容易获得: 对儿童来讲,能随时使用自己想要的材料,而不是完全依赖成人的提供,是很重要的。搜集日常材料并分门别类存放。

年龄适宜: 不会产生危险,也适合儿童能力的发展,可参下表。

高品质：颜色不要那么刺眼，配料更健康、更环保。

多发散性思维：使儿童通过探究、实验和创造性思维产生多种反应，并发展他们解决问题的能力，比如：

A.吸引儿童兴趣，有多种使用方法。

B.通过让儿童自己做决定，提升他们的创新能力和解决问题的能力。

C.可以和其他材料一同使用。

同时，在选择材料的时候，不需要选择特别奇特的材料，也不用考虑是不是什么大师经常用的。我们应该按照孩子的年龄、发展阶段来选择最适合的材料。

0~12岁艺术发展概况简表

婴儿和学步儿（0~3岁）
发展概览： 婴儿倾向于感官体验——摸、尝、嗅和用嘴去感知 典型的艺术活动： 开始探索简单的艺术材料，不需要高水平的手工技巧，比如手指画、捏面团、用粗粗的蜡笔在纸上涂鸦
托儿所和幼儿园（3~6岁）
发展概览： 开始学习怎样运用符号来传情达意，能够有目的地在纸上画出印记 典型的艺术活动： 在本阶段，学着用蜡笔、剪刀、糨糊；学着为了设计、剪切和构图试画；学着粘贴各类物品；考虑用怎样的方法展示艺术作品

续表

一年级~二年级（7~8岁）
发展概览： 更自信地进行创作。随着语言能力的提高，儿童经常将图像组合在一起 典型的艺术活动： 开始学习纸板立体造型、纸织画和拼贴图形等新鲜的和需要更多技能技巧的艺术活动
三年级~六年级（9~12岁）
发展概览： 本阶段，儿童试图通过参与各种各样的艺术活动来建立能力感。手工活动在此阶段很普遍 典型的艺术活动： 儿童开始探索针线活技能，创造更精美的道具，探索设计问题或者尝试多步骤的、按比例制作的小组方案

注：资料来自《创造性思维和基于艺术的学习：学前阶段到小学四年级》《儿童早期艺术创造性教育》

家庭常用材料说明和使用建议

◆硬质材料

笔尖和材料的尖部都是比较硬的，画起来还是比较硬一点，笔触和画的效果因为手的力度不同而在画面上呈现不同的笔触和效果。

木炭条： 小树枝烧制出来，虽然黑色，但痕迹还是比较轻柔的。小朋友虽然用木炭条画画会比较脏，但是其实是无毒的一种材料，适合几乎两岁以上所有年龄的孩子。因为太小的孩子容易把炭条折断。

蜡笔： 蜡笔比油画棒会硬一点，不容易折断。在选择的过程中要选择颜色比较纯正的品牌，纯正的意思是颜色自然度比较高。在材料上也最好是用天然环保的材料。孩子在抓握的阶段使用蜡笔，选择的时候，最好选比较粗头的蜡笔，适合孩子抓握的姿势。

油画棒：同样选择颜色纯正自然稳定的品牌，油画棒相对软一点，跟蜡笔原材料配比不太一样。油脂比较多，所以画出来会有一些很特别的肌理效果，甚至是油画的效果。对低龄的孩子，可能还是蜡笔更适合一些。

水彩笔：非常方便携带。水彩笔比其他工具线条更为单一一些，而且颜色过于鲜艳。低龄孩子的家庭建议给孩子用粗一些线条的水彩笔，因为孩子对手的力量的控制不够稳定，太尖的笔尖容易把纸戳破。水彩笔的颜色比较单一。

铅笔：笔尖比较细和硬，4岁之前不是非常适合使用。铅笔的标号大家都看到过，比如2B等等，数字越大，里面的炭条越粗。

彩色铅笔：彩铅适合比较细腻的孩子，因为彩铅在纸上不容易着色。彩色铅笔也有不同的分类：一种是水溶性彩色铅笔（可溶于水），另一种是不溶性彩色铅笔（不能溶于水）。水溶性彩色铅笔平时用起来效果平平，但是一旦沾水就会有神奇的现象发生，画面效果不亚于水彩颜料。不溶性的彩铅又分为干性和油性。油性彩铅的颜色更为艳丽，但不宜保存，颜色会越来越淡。孩子涂鸦的话，油性彩铅和水溶性彩铅都是很好的选择。

◆ 软质材料 —— 流动性颜料

国画颜料（毛笔、宣纸、墨汁、毡垫）：对孩子来说，这是挺自然就会使用的一种材料。宣纸最好提前裁好，和孩子一起把前期工作准备好。这样的材料比较适合4岁以上的孩子用，太小的孩子掌控力还相对较弱。在玩儿国画颜料的过程中，孩子自己会体会到水的多少带来颜色浓淡的变化，而不必刻意告诉他们。

水粉颜料：覆盖力比较强，干了之后可以覆盖。如果把纸竖过来可以看到颜料流淌的效果。把纸放在桌面上也是可以的。

手指画颜料：3岁以下的孩子比较适合使用，不同品牌的浓稠度流动性都不太一样。

管状水彩颜料：水彩更加通透一些，但是如果画完了深色再加浅色就比较困难，适合年龄大一点的孩子。

水彩粉饼：非常方便，比较容易携带，在外面也可以画很大面积的颜色，比较适合孩子的表现，轻轻一画就能画出大块颜色，满足孩子的需要。

丙烯：附着力很好，应用也很广，可以画在玻璃上、背包上等，孩子六七岁就可以用，画T恤、鞋子等装饰。

◆ **纸和笔刷**

宣纸：如果墨画到上面打开、晕开很大，就是生宣纸；如果墨不晕开，就是熟宣。

素描纸：纸较厚，纸面纹理比较粗糙，所以更容易产生画笔痕迹。适用面广，适用于铅笔、炭笔、粉画笔、彩铅、油画棒、水彩等。

水粉纸：更有颗粒感，耐水能力比较强。水粉纸表面有圆点形的坑点，圆点凹下去的一面是正面。另外，水粉纸也有不同的颜色的。

水彩纸：不易折，不易断，与水粉纸不同的是，水彩纸的表面是光滑的。选择合适的厚度，耐水性更强。

打印的A4纸：颜色过白，有一点刺眼，不过大小比较适中方便，也是孩子比较容易使用的。

笔刷： 一般使用动物的毛来制作，比人造的要柔软一些。好一点的笔可以用很久，比较差的笔很快就坏了。粗头宽大的笔，超过拇指的宽度。3岁以下的孩子用手指就可以。

尖头的毛笔： 也有不同的型号，粗细都有，这种细笔适合7岁以上的孩子使用，可以有更多细节。孩子小的话，只要笔不是笔锋特别长的，毛足够多的就可以用。

◆立体材料

纸黏土： 是一种软雕塑材料，主要材料是纸纤维，所以我们也叫它纸浆泥。纸黏土分为传统纸黏土和超轻纸黏土，我们大多使用超轻纸黏土。颜色多，可塑性强，而且自然风干，不易产生裂痕。

软陶： 常温为柔软状态，可以随意、反复造型。颜色很多，不用后期上色。造型后用烤箱加热定型，烤好后可以用水洗，易保存。一般用来做人偶或是项链等小挂件。

医用石膏绷带： 湿水后可用来制作各种造型的面具。待石膏干透后可用丙烯、水笔等进行再装饰。

扭扭棒： 扭扭棒应该是各个年龄段孩子都喜欢的创作材料。因为扭扭棒自身材料的开放性，所以孩子们在创作立体作品时都很喜欢使用。网上的造型示例也很多，妈妈们可以有空时先学几招，等娃回家后，给他一个惊喜。

◆常备材料

"我也是笔刷"系列：

海绵滚筒、掉了齿的梳子、用过的牙刷，磨破洞的手套。

DIY的最佳拍档：

粗麻布、纱线、塑料针、废旧衣物。

手动胶枪：

立体创作时的黏合剂，常用来固定一些表面不光滑的装饰物。依靠电流加热使用，爸爸妈妈须在旁指导。

"百变搭配"系列：

泡沫塑料，厚度不一的纸板，砂纸，长度、粗细不一的木棍。

"它们也能当画材？"系列：

爸爸的剃须泡沫、妈妈的口红、废旧杂志、照片（可用来制作拼贴画）。

自然植物、石头、种子等。

面团。

总之，孩子觉得可以用来创作的任何材料（妈妈的新裙子除外）都行。

要知道，当孩子特别有感觉想创作和绘画的时候，他不会特别挑剔手头有什么材料，即便是一张收据，他也会兴高采烈地创作起来。出去玩儿的时候就可以带着一个本子、一盒彩铅，他们随时随地都可以创作起来。比如小宝就曾经在很多超市收款条背面展开创作，而因为看到材料的有限，他也相应调整自己的笔触，从狂放到精细。这是非常有趣的现象！

我现在的法宝就是带两个娃出去时，给大宝带本书或者 kindle，给小宝带着本子和笔，换自己一杯咖啡的安静时间。这也是我能想到的最惬意的时光。

附件3／用卢浮宫秘笈制订一个完整的家庭美育出行计划

父母没有必要都成为美术馆课程的专家，但都需要了解一点体验式学习的方式。孩子无论是哪种学习模式，体验是他们学习很重要的一部分，**体验式学习最大的意义是让孩子更加沉浸在"学习"中**。美术馆的环境加上体验式学习的思维，是可以带来很不一样的家庭"学习"体验的。在目前的发展阶段，很多展览对孩子的友好开放程度并不乐观，体验式学习的引导和分享以及过程中的引导就更重要！

体验式学习最重要的三个部分，真的是一个都不能少！用这个框架思考一下从出家门到出美术馆门的谈话、沟通、行程都怎么安排吧。

第一步：引入 ——"妈妈，我们为什么要去那儿？"

思考：为什么要去博物馆？为什么要去看展览？和孩子最近感兴趣的话题有什么关系？《冰雪奇缘》还是别的内容？可不可以从孩子最感兴趣的事开始，成为他主动参与和期待的一次家庭活动？

准备：在去博物馆或者看某个特定的画展前，要让孩子对即将要去的那个地方产生兴趣。

6岁以下的宝贝：家长可以先打印一份地图，里面有家和即将要去的博物馆的位置，可以和孩子先找到这两个位置，然后一起做一下设计路线的游戏；家长可以根据展览主题，和孩子一起编撰一个主题故事，可以是探险主题、寻宝主题等。

6岁以上的宝贝：家长可以和孩子一起找找相关的资料、背景，做点"案头"的准备，让看展效果更好。而且对于这个年龄段的孩子，家长带孩子去看展的数量未必需要那么多，最好是系统地有主题地去看，和孩子一起做系统性的学习。一年看两三个展览就行，不用匆匆忙忙地赶热点，能消化最重要，很像一个"精读"的过程。

第二步：进入——"这里有什么好玩儿的？"

思考：稍微了解展览的主题及背景，根据孩子的年龄、兴趣制定"任务"，难度最好适合孩子的发展水平。高了，孩子就只能看着妈妈玩儿；低了，没挑战，也没劲。根据进展的情况，任务可以升级，也可以设定一定的奖励。

艺术教育和自然教育的"现场感"都很重要，至少要先走进艺术，置身在这样的环境里。虽然很多的作品图片都可以在网上看到，但只有置身现场才有合适的氛围，也可能有不同的发现。和我们一起看展的5岁小姑娘的妈妈，也是艺术专业出身，她说："虽然孩子可能好像记不住什么，但是这个经历对她来说很重要，这个体验会留在她的记忆里，未来有合适的契机，会和这个记忆联系起来……"一个让孩子感兴趣的看展活动必须遵循一个原则——把孩子的注意力吸引到展品身上。通过各种方式让孩子去观察展品，让孩子自身与展品互动起来。

孩子的任务根据具体的展览以及孩子的年龄设定，可以充分利用展厅的地图、手册，并且带好适合携带的笔和纸张。在和孩子看展的过程中，来自家长的引导很重要，我们可以设置一些开放性的问题。

站在一幅画前，你可以提出以下问题和孩子产生互动，以波提切利的《春》为例：

体验式的问题

打开五感的问题，欣赏一幅画时，我们不仅仅只是用眼睛去看，还可以用耳朵听，用鼻子闻，用嘴巴尝，用整个身体去感受。

你看到了什么？（画面上有什么？）

你听到了什么？（画面中有鸟，你听到鸟叫了吗？画面上有风，你听到风吹树叶的声音了吗？）

你闻到了什么？（地上有很多种不同的花，你能数一数有多少种不同的花吗？你闻到花香了吗？是什么味道的呢？）

你感觉到了什么？（你觉得光脚站在草地上是什么感觉呢？那些透明的衣服摸起来会是什么样的感觉呢？）

跨学科的问题

其实艺术与各个学科都是相互贯通的，跨学科的概念也是卢浮宫十分提倡的。卢浮宫就有很多来自于医学、数学和化工等专业的讲解志愿者。换个角度看艺术作品，你和孩子会有意想不到的收获：

艺术作品中的数学课：你找出画面中的对称吗？

艺术作品中的体育课：你可以模仿图中的人物动作吗？（这时，家长记得拍照留念。看雕塑展时这是一个很好的互动。）

艺术作品中的自然课：仔细观察画面下方的花朵，你能说出几个名字呢？画面中的人物是在哪个季节呢？

关于艺术品本身的问题

关于艺术品的问题，家长在提问时要尽量涵盖四个方面的内容：审美、艺术史、艺术批评和艺术表现。但重要的是，即便没有任何艺术背景，也可以仅仅打开五感或者从自己的兴趣和孩子的兴趣及生活角度来提问！

◆审美

你看到了什么？

画面中直线多还是曲线更多？

色彩是丰富的还是单一的？温暖的还是寒冷的？

◆艺术史

谁创作的？什么时候创作的？

为谁创作（了解画面内容后揣摩艺术家创作时的动机）？

这件艺术品和这个艺术家其他作品的相同点（不同点）是什么？和其他艺术家的作品呢？

◆艺术批评

如果有的话，这件艺术品传递了什么信息，代表什么意思呢？（联系自己的生活经验，对画面进行细致观察。）

你喜欢这件艺术品吗？为什么？可以事先和孩子共同确定"表达你的态度"的手势，比如用韩式爱心代表喜欢，用摸下巴代表一般，用双手交叉表示不喜欢。

这件艺术品中最有趣的是什么？

它让你想到了什么？

◆艺术表现

怎么做的？艺术家用了什么（媒介、工具、技术、组织方法、效果、构成）？

什么风格？

体验品质如何？

第三步：交流分享总结——"看看我们还记得什么呢？"

参观后的及时创作是一个很好的观后互动，让不爱语言表达的孩子把自己的感受通过画面表达。但不是每一个展览都适合孩子去临摹和创作的，采用更多的手段让孩子对展览本身做出回忆才更重要。

讨论和表达

可以和孩子一起讨论、沟通他的创作及发现，对小孩子其实未必一定用语言，拍照发朋友圈，然后将朋友们的反馈告诉孩子其实也是个方法。比如发一组"喜欢"的作品，征求其他人的意见，同理，再发一组"不喜欢"到朋友圈，同样听听大家的反馈。记得给孩子读这些反馈，就好像模拟交流一下，这也是让对话延续下去的方式。

另外约上一两家好朋友一起去美术馆，同龄的小朋友在一起，效果会更好。

收集和拍照

收集美术馆的宣传单页，多拍一些照片，并让孩子掌握相机的主动权，回家后，有可能的话把照片洗出来。挑一个下午和孩子制作一个家庭参观手账，通过宣传单页和照片回忆参观场景，创造和孩子共有的情感记忆。

在艺术公共教育还不那么发达的现在，家长就稍微多做一点点吧。多实践几次，你也许就会成为美术馆公共教育的专家了。

关于艺术词汇

爸爸、妈妈在带孩子去看展的过程中，可以尝试去拓展孩子谈论艺术的词汇，但是要遵循以下几个原则：

◆鼓励儿童首先用自己的语言评论艺术作品，这样可以让儿童平等地分享对艺术的感受。儿童先说出自己的观察感受，家长可以在儿童的引领下，简要介绍艺术家故事。家长也可以提出一些有意思的疑问。

◆在情境中介绍词汇。当儿童用新词来描述自己的直接经验时，更喜欢用这样的新词，比如质地、雕刻版画、对称等。

◆运用正确、合适的词汇，制作一张主题参观艺术词汇表。针对你和孩子即将去看的展览，设计一张可能会用到的艺术词汇表。

附件4 / 主要参考文献暨推荐阅读

1. 《我是儿童艺术家——学前儿童视觉艺术的发展》Supporting Young Artists, The Development of The Visual Arts in Young Children/ 安·S.爱泼斯坦(Ann S. Epstein)伊莱·特里米斯(Eli Trimis)著　冯婉桢等译
2. 《创造性思维和基于艺术的学习——学前阶段到小学四年级》第5版 Creative Thinking and Arts-Based Learning, Preschool Through Fourth Grade/Joan Packer Isenberg, Mary Renck Jalongo 著　叶平枝　杨宁译
3. 《为生活而艺术》Art for Life/ 汤姆·安德森（Tom Anderson）著　马菁汝　刘楠译
4. 《感知艺术——公共艺术教育导论》第9版 Perceiving the Arts, An Introduction to The Humanities/ 丹尼斯·J.斯波勒（Dennis J. Sporre）著　侯斌程　宝逊等译
5. 《儿童早期艺术创造性教育》Early Childhood Art Fifth Edition/ 芭巴拉·荷伯豪斯　李·汉森著　邓琪颖译
6. 《儿童绘画与心理治疗——解读儿童画》Understanding Children's Drawings/Cathy A. Malchiodi 著　李更生　李晓庆译
7. 《多元智能新视野》Multiple Intelligences, New Horizons in Theory and Practice/ 霍华德·加德纳（Howard Gardner）著　沈致隆译
8. 《加德纳·艺术·多元智能》Howard Gardner, Arts, and Multiple Intelligences/ 沈致隆著
9. 《关键创造的艺术：罗德岛设计学院的创造性实践》The Art of Critical Making, Rhode Island School of Design on Creative

Practice/ 罗赞·萨玛森（Rosanne Somerson）马拉·L. 埃尔马诺编著　李清华译

10.《设计，为更好的世界》*Hello World, Where Design Meets Life*/ 爱丽丝·劳斯瑟恩著　龚元译

推荐网站

全美艺术教育协会 www.arteducators.org

美国幼儿教育协会 www.naeyc.org

高宽教育基金会 www.highscope.org

图书在版编目（CIP）数据

生命合伙人：美育从妈妈开始/戴亚楠著．—北京：中国青年出版社，2017.2（2024.3重印）
ISBN 978-7-5153-4648-9

Ⅰ．①生…　Ⅱ．①戴…　Ⅲ．①家庭教育　Ⅳ．①G78

中国版权图书馆 CIP 数据核字（2016）第 311661 号

生命合伙人：美育从妈妈开始
作　　者：戴亚楠
责任编辑：刘霜
出版发行：中国青年出版社
社　　址：北京市东城区东四十二条 21 号
网　　址：www.cyp.com.cn
编辑中心：010-57350508
营销中心：010-57350370
经　　销：新华书店
印　　刷：三河市君旺印务有限公司
规　　格：880mm×1230mm　1/32
印　　张：8.25
字　　数：300 千字
插　　页：18
版　　次：2017 年 2 月北京第 1 版
印　　次：2024 年 3 月河北第 10 次印刷
定　　价：49.80 元

如有印装质量问题，请凭购书发票与质检部联系调换
联系电话：010-57350337